『お金持ち列車』の乗り方

すべての幸せを手に入れる「切符」をあなたへ

末岡よしのり

東邦出版

『お金持ち列車』の乗り方

～すべての幸せを手に入れる「切符」をあなたへ～

目次

出発進行

『お金持ち列車』の「切符」とは？
～成功するための乗車券～

1両目

『お金持ち列車』の目的地はどこか？
〜価値観・目標設定〜

2両目

エコノミー席か、グリーン車か？
～お金が増える生活習慣～

3両目

お金持ちはやたらと名刺交換しない
～一流の人との付き合い方～

4両目

お金が友だちを連れて帰ってくる
～お金を増やす方法～

5両目

「生き金」「死に金」どっちに使う？
～お金の使い方～

6両目

「列車強盗」がやってきたらどうするか？
～お金の守り方～

7両目

100億円あっても「健康」は買えない
～健康、家族、友だち～

8両目

「時間管理」は「命の管理」と同じ
～時間の大切さ～

9両目

「得意なこと」でお金を生み出す
～才能の磨き方～

10両目

一緒に列車に乗りたい人はだれか？
～仲間・信頼関係～

出発進行

『お金持ち列車』の「切符」とは？

～成功するための乗車券～

『お金持ち列車』に乗れる人はたった1％

２０１７年1月、たった「8人のお金持ち」が世界の人口の半分にあたる「36億人の経済的に恵まれない人々」の全財産に匹敵する資産を所有しているというデータが発表され、世界中が格差社会の現実に驚愕しました。（国際ＮＧＯ「オックスファム」の報告書より）

このように世の中は、ほんのひと握りのお金持ちと、その他大勢のお金がない人にわけられているのです。

この本では、お金に一生縁がない人のことを「小銭持ち」と定義させていただきます。そして、ある程度成功し、地位も名誉もある人を「小金持ち」と呼び、お金と時間と場所から解放され、人生の夢を叶え、多くの人から愛され、また自分の生み出した富を多くの人たちに還元している1％の人を、幸せな「お金持ち」と呼ばせていただきます。

お金持ちとそうでない人は、何が違うのでしょうか？

私は〝人生の目的地〟を持っているかどうかによって、すべて決まると思っています。そして、目的地まで連れて行ってくれる唯一の手段が、「お金持ち列車」なのです。

普通の列車は鉄道会社が終着駅を決めていますが、お金持ち列車は、自分で目的地を決めることができます。

列車は〝旅〟の象徴です。**私たちは何かを達成するために、この世に生まれてきました。しかし、目的地までたどり着ける人は、ほんのひと握りしかいないのです。**

列車には、もうひとつ象徴があります。それは、〝労働〟です。

たとえば、多くのサラリーマンやＯＬは、生活に必要なお金を稼ぐために、毎日、満員電車に乗って会社に通勤しています。朝晩の通勤ラッシュは殺人的で、不快指数は１００％。窮屈さ、息苦しさに多くの人たちがストレスを抱えています。

この本は、あなたを満員電車から降ろし、本当の目的地まで連れて行く本です。

お金に縁のない人は、お金持ち列車が存在するということさえ知りません。

ましてや、その列車に乗ろうとも思いません。まずは、満員電車から降りてください。

ほら、お金持ち列車は、あなたの目の前に停車しているのです。

なぜ、「自動車」ではなく「列車」なのか？

私は、北海道で不動産会社や投資会社など6社を経営し、３つのホテル事業も行っている末岡よしのりと申します。

収益不動産を１０００室持っているので、『ギガ大家さん』と呼ばれています。日本でも個人資産として１０００室を持っている人は、数えるくらいしかいないそうです。

私は、日本中で不動産投資セミナーを開催し、講演しているのですが、そのたびに、「あなたがお金持ちになりたかったら、お金持ち列車に乗ってください」

という話をしています。すると、受講生の中から、よくこんな質問が来ます。

「どうして列車に乗らなければならないのですか？　自動車の方がカーナビもついているし、小回りもきくし、目的地まで行くのに、より適していると思うのですが？」

とてもいい質問なのですが、私から言わせれば、やはり「車」ではなく「列車」なのです。

その理由は次の通りです。

1．車は自分で運転する。列車は自分で運転しなくてもいい

列車の乗客ならば、お弁当を食べたり、お酒を飲んだり、本を読んだり、周りの人とおしゃべりしたり、好きなことに時間を使うことができます。ところが、車だと、ガムを噛んだり、タバコを吸うだけでも事故につながる恐れがあります。

2．車は余裕がない。列車は余裕がある

車を運転するとき、両手はハンドルを握り、そして足はアクセルとブレーキを常に踏み続けています。車に乗ってしまうと1秒たりとも自由に体を動かすことができなくなってしまいます。窓の外にきれいな海が広がっていても、一面の花畑が続いていても、ゆっくり眺めて感動を味わうことができないのです。

3．列車はスケジュール通りに動く。車は渋滞に巻き込まれる

日本の列車は世界一、時間に正確です。その正確さは時計代わりにもなります。

一方、車は道路が空いていればスイスイ動けるのですが、事故や渋滞に巻き込まれ、まったく動けなくなる可能性もあります。列車に乗った方が、断然、スケジュール管理がしやすいのです。

4．列車は滅多に事故にあわない。車はよく事故にあう

乗り物別死亡率を比較しても、列車は車の10倍以上も安全な乗り物です（エアライン・フォア・アメリカの調査より）。安全・確実に目的地に着きたい場合は、統計的にも列車がオススメなのです。

5．車は5人しか乗れない。列車は５００人乗れる

普通の乗用車は運転席、助手席、後部座席を入れても5人しか乗れません。ところが、列車は1両に50人、10両編成だと５００人が乗れるのです。これは単純に乗客数のことだけではなく、同乗者をどれだけたくさん幸せにできるかにも関わってきます。

6．列車はリラックスできる。車の運転は疲れる

車の運転中に昼寝をしたら事故を起こすか、白バイに捕まってしまいます。しかし列車では、いつでも好きなときに寝ることができます。

車の運転は肉体的、精神的にストレスがかかりますが、列車は体も心も休めることができるので、乗客はどんどん健康になっていくのです。

7．車で移動できる距離は短い。列車で移動できる距離は長い

自動車の街中のスピード制限は時速40キロ、一般道で60キロ、高速道路でも80キロから100キロです。ところが列車で、とくに新幹線は時速300キロで走れます。

1日の移動距離がまったく違うのです。移動距離はあなたが目的を達成するまでの時間を左右します。長距離でも、あっという間に目的地にたどり着くのが列車なのです。

なぜ列車に乗らなければならないのか、その理由をわかっていただけましたか？

もちろん、徒歩や自転車でも目的地にたどり着けないことはないのですが、それだと10年も20年もかかってしまいます。

私は、徒歩や自転車で行く人は、「小銭持ち」。車で行く人は、「小金持ち」。そして、超特急で行く人が「幸せなお金持ち」だと思っています。

いい会社に入っても『小金持ち列車』しか乗れない

『小銭持ち列車』に乗る人、『小金持ち列車』に乗る人、『お金持ち列車』に乗る人は、それぞれどのような人なのでしょうか？

まず、『小銭持ち列車』に乗っている人たちです。日本の就業者数6500万人に対し、被雇用者はおよそ5700万人。つまり、日本人のほぼ9割は「被雇用者＝サラリーマン」です。（総務省統計局2016年データより）そして、ほとんどの人たちは、ぎゅうぎゅう詰めの満員電車に乗っています。

次に、『小金持ち列車』に乗っている人たちです。日本の就業者のうち「年収1000万円以上の人口」はおよそ200万人（国税庁2016年データより）。就業者全体のおよそ3％に当たります。この人たちは言わば『小金持ち列車』に乗っている人たちですが、仕事は忙しく、ストレスで大変そうです。

これら2つの列車を横目に、悠々と走り去る列車があります。それが、お金持ち列車です。日本の人口1億2000万人の中で、資産1億円以上の人はおよそ280万人、全人口の2％です。（クレディ・スイス2016年調査データより）収入ではなく、資産ベースで計算すると、結構、お金持ち列車に乗っている人はいますね。

ここで、大きな落とし穴があります。それは、一流の大学、大手の会社に入る人は『小金持ち列車』にしか乗れないということです。

国立大学や有名大学など、大学はたくさんあります。そして、多くの日本人は一流の大学を目指し、卒業後は大手企業、有名企業、上場企業に就職します。

しかし、どんなに給料のよい会社でも、ボーナス1000万円はなかなかもらえないでしょう。**だれかに使われる「労働者」という選択をした時点で、お金持ち列車の乗客ではなくなってしまうのです。**

では、どうしたらよいのでしょうか？

答えは、お金持ち列車の〝切符〟を買うことです。

列車に乗るためにも、乗り換えるためにも、切符が必要なのです。

『お金持ち列車』の切符は1億円

お金持ち列車に乗るための「切符の値段」はいくらか知っていますか?

最低でも、1億円です。

ちょっとびっくりするかもしれませんが、事実です。


1億円を持っているとどうなるかというと、レバレッジ(=テコの原理)が効きます。

たとえば、1億円を持っている人が不動産投資をするとします。

銀行の定期預金口座に預けると、銀行は喜んでお金を貸してくれるでしょう。

この貸してくれるお金が、あなたの投資のレバレッジになります。

つまり、あなたは自分のお金をほとんど使うことなく、不動産投資ができるわけです。投資によって年利10%を得ることはそれほど難しくありませんから、資産は毎年、1000万円ずつ増えていくことになります。

この最初に用意するまとまったお金を、「タネ銭」と言います。

語源は江戸時代の賭博場の「賭け金」です。今風にいうと、「投資資金」のことです。

投資したお金は大きく増えて返ってきますから、「タネ銭」の「タネ」とは、大きな実を結ぶための「種」と言えるかもしれません。


お金の執着を描いた漫画に青木雄二の『ナニワ金融道』（講談社）がありますが、その中で主人公の灰原達之が勤めるサラ金会社に借金の返済を迫られた2人の女性が、このような話をするシーンがあります。

「残金448万円の月々の金利は12万円ほど。手取り15万円の2人が協力して、10万円ずつ返しても、金利分にもならない。10万では一生返済を続けても、完済できない。人間、こんな夢のない生活はできるはずもないだろう……」

わずかなお金を借りるだけで、一生、利子を払うために働かなければならないのです。

このように人間は448万円で『奴隷列車』に乗せられてしまうこともあれば、1億円を作り出し、ずっと「お金の主人」として生きていくこともできるのです。

『お金持ち切符』は3種類しかない

『小銭持ち列車』や『小金持ち列車』に乗っている人たちは、なんとかして『お金持ち列車』に乗り換えたいと思いますが、そうはいきません。

駅員さんに、こう言われてしまうからです。

「この列車に乗る〝切符〟をお持ちですか?」

切符を持っていないと、どんなに乗りたくても乗ることはできません。

でも、お金持ち列車の切符なんて、どこに売っているのでしょうか?

日本のお金持ち研究の第一人者である加谷珪一氏によると、日本における資産1億円以上のお金持ちは次の3種類に分類できるそうです。

1.「芸能人、スポーツ選手、医師、弁護士など」の特殊な技能職。全体の20%
2.「企業経営者」 40%
3.「不動産所有者」 40%

つまり、遺産をもらったり、宝くじが当たるなどの偶然を抜きに考えて、**日本で「お金持ち」になるためには、最終的にこの3つのうちのどれかを選ぶ必要があるのです。**

私は、この3つの「お金持ち切符」の中でも、もっとも手に入れやすいのが「不動産切符」だと思っています。つまり、収益不動産、投資用不動産を所有することです。「特殊切符」はその名の通り「特殊」なものですから、普通の人は手に入れることができません。持って生まれた身体能力や容姿、芸術センスなどが必要で、なおかつ体力にも、年齢にも限りがあります。

それよりは、「経営者切符」のほうが、まだ手に入る可能性があります。しかし、ここにも難関があります。ベンチャー企業の20年後の生存率はわずか0・3％（メディカル・データ・ビジョン調べ）というのが現実です。ですから、猛烈に努力し、頑張っても、成功確率はないに等しいのです。

もちろん、不動産投資にもクリアしなければならない壁はたくさん存在しますが、3種類の切符のなかではダントツに手に入れやすい切符なのです。

さあ、あなたはどの切符を手に入れたいですか？

「どこ」で乗って、「どこ」に行くのか？

人生を〝列車の旅〟にたとえると、まず、どこに行くのか決める必要があります。

「行き先表示」もさまざまです。「人間関係に恵まれた幸せな人生行き」と書かれた列車もあれば、「貧しくストレスだらけの人生行き」と書いてある列車もあります。

そして、乗客がたくさん乗っているのは、後者の列車です。

列車には、必ず、「乗車地」と「降車地」があります。人生の重要な乗車地はどこかというと、まず「就職先」です。将来をしっかり考えて会社を選んだ人もいるかもしれませんが、大多数の方は「とりあえず」で選んでいるのではないでしょうか？

しかし、今いる会社は、あなたが現在乗っている列車のおおよその行き先を決定づけています。

「乗車地」と「降車地」は、あなたの人生を大きく左右します。

『小銭持ち列車』に乗った人は、もしかしたら、ずっと同じ会社で働き、定年退職するまで同じ列車に乗り続けるかもしれません。

今、あなたが乗っている電車には、行き先（＝降車地）が表示されていますか？

そこには何と書いてありますか？　行き先が書いていなくても、降車地を確認する方法は簡単です。あなたが就職して5年ほど経てば、他社と比較して自社の給料の水準もわかるでしょう。また、職場にいる先輩や上司を見れば、このまま10年、20年が経てば自分がどうなるか、だいたいわかるはずです。

あなたが乗っている電車の行き先を、あらためてよく確認してみてください。

もしそこに、「なんとなく失敗しそうな人生行き」とか、「不幸を抱え込む人生行き」と書いてあったなら、すぐにその列車を降りることをお勧めします。

どこでどんな列車に乗ろうとも、この世界には無数の駅と分岐点が存在します。**列車を乗り換えることは簡単です。新しい世界に飛び込む勇気さえあれば、いつでもお金持ち列車に飛び乗ることができるのです。**

それでは、準備はいいでしょうか？

お金持ち列車の出発進行です！

1両目

『お金持ち列車』の目的地はどこか?

～価値観・目標設定～

なぜ、桃太郎は子どもなのに鬼退治ができたのか？

日本一有名な昔話といえば、だれもが小さいときに読んだ『桃太郎』でしょう。

桃太郎は「鬼退治に行く」という目標を立てます。**私はこの「目的地はどこか？」という目標設定によって、〝成功する人・しない人〟が決まると思っています。**

鬼退治に行くという目標は、4つの意味で評価されます。

ひとつ目は、「困っている人を救う」という社会的意義。

ふたつ目は、「悪いことをした人は罰を受けるべき」という勧善懲悪の教えです。

3つ目の教訓は、「応援者の見つけ方」です。

大きな目標を語っていると、必ずその考え方に賛同してくれる人が現れます。桃太郎の応援者はいちばん身近なおじいさんとおばあさんです。最初は「子どものお前が鬼ヶ島に行っても鬼に勝てるわけがない」と何度も止めるのですが、桃太郎の強い意志に負けて、最初の応援者になり、「100人力」になるきびだんごを作ってくれます。

4つ目の教訓は、「目標達成には自分の強みを生かすことが必要だ」ということです。犬は〝忠誠心〟、猿は〝知恵〟、キジは〝勇気〟の象徴であり、鬼ケ島で3匹はそれぞれの個性を発揮して鬼と戦います。

童謡には「桃太郎さん、桃太郎さん、お腰につけたきびだんご、ひとつ私にくださいな」と歌われています。昔話の原書を読むと、桃太郎は「ひとつはならん、半分やる」と、きびだんごを半分にわけて与えています。なんてケチなヒーローだろうと思うかもしれませんが、昔は共同体の仲間同士ですべてをわかちあっていました。

つまり、半分のきびだんごには、苦しみも悲しみも共有するという意味が込められているのです。だから、犬、猿、キジは命がけで桃太郎のために戦ってくれたのです。

このように「目的を持つ」ということは、「応援者を作る」「チームを作る」「力を数倍発揮する」というように、成功の第一歩といえるのです。

お金持ち列車に乗るためには、まずはあなたの目標を設定してください。

目標を立て、応援者を集めよう

『公務員列車』の乗客は降りることが怖い

1日45万人もの人が乗り降りする東京駅は、東海道新幹線・東北新幹線・上越新幹線・北陸新幹線など、日本全国に向かう新幹線の起点になっています。

どの新幹線に乗るかによって到着地点は変わります。新潟にスキーに行きたいのに、関西行きの新幹線に乗ってしまえばスキーはできません。また京都で神社仏閣を見たいのに、東北行きの列車に乗ってしまったら雪景色しか見えないでしょう。

人生という列車でも同じです。〝起点〟となる駅ではだれもが同じ場所にいるのに、乗る列車によって、その後の人生はまるで変わってくるのです。

多くの親は、子どもたちを間違った列車に乗せています。本当は起業したいと思っている子どもがいたとしても、親は「安定しているから」という理由で『公務員列車』に乗せます。すると、何年も公務員列車に乗り続けた子どもは、一生降りることができなくなってしまいます。公務員生活20年という人が仕事を辞め、新たに会社を作ったという話はほとんど聞いたことがありません。

お金持ちになれない人の9割は、他の人が乗れと言った列車に乗っています。

そもそも、自分の目的地に向かわない電車に乗っているのです。

あなたが乗っている列車の目的地を定期的に確認してください。

いつの間にか路線が切り替わり、別な方向に走っていることもあるのです。

お金持ち列車の乗り換え駅は自分で決められます。

今乗っている電車から降りたいと心から願ったとき、そこが乗り換え駅です。

乗っている列車がお金持ち列車ではないことに気づいたら、一刻も早く降りてください。

何より怖いのは、間違った電車に乗り続けることによって、降りる気持ちがなくなってしまうことです。

9割の人は目的地に向かわない電車に乗っています。これは東京の山手線をイメージしてください。一見、まっすぐ進んでいるように見えますが、同じところをぐるぐる回っているだけなのです。

人生の目的地を定期的に確かめよう

お金持ちは悪い人？

岡本和久著『親子で学ぶマネーレッスン』（創成社）の日本の中・高生を対象とした「お金やお金持ちに対するイメージ」のアンケート調査によると、次のような結果が出ました。

・お金のイメージ　美しい17％　汚い83％
・お金持ちのイメージ　よい人20％　悪い人80％

なぜ、日本人は「お金持ち」について、「汚い」「悪い人」というイメージを持つのでしょうか？

私は、その理由は2000年続く、日本の農耕文化にあると思います。

みんなと同じことをやっていればいいという文化が、突出してお金を稼ぐことを否定しているのです。

確かに農耕は多くの人が力を合わせなければ、収穫を得ることができません。その結果、日本では「清貧の思想」が尊いとされています。学校教育やマスコミも「お金持ちは悪いことをしている」というイメージを植え付けています。

このような世間の常識は、お金持ちになろうとする皆さんの心を縛っています。お金持ちになるような行動をしようとするたびに、潜在意識が勝手にブレーキをかけるのです。

一方、欧米の人たちは狩猟民族です。常に自分たちよりも大きな獲物と戦い、それを仕留めた人は成功者としてその勇気を賞賛されます。つまり大きな獲物（お金）を手に入れた人が尊敬される文化といえるでしょう。「アメリカン・ドリーム」ということばもあるくらい、「公正なビジネスを通じて成功すること」が奨励されています。

これが欧米諸国に多くの大富豪が生まれている理由だと思います。

お金持ち列車の乗客になるためには、「お金持ち」は「悪」だという常識を捨てなければいけません。悪いイメージを抱くのは、「お金を払う側」に立っているからです。まるで封建時代の農民のように「年貢は取られるもの」と思い込むのは、『小銭持ち列車』に乗っている人の発想です。**『お金持ち列車』の乗客は、逆に、「お金は自然に集まるもの」と考えています。そして、お金によって多くの人が幸せになると信じています。**

「お金は美しい」と心から信じる

あなたの値段はいくら？

世の中には、お金持ちになれない人がいます。

『やりがい列車』に乗っている人たちです。

〝やりがい〟だけで仕事をしている人のことです。


先日も、42歳のフリーライターの男性にお会いしました。

「私はお金持ちになれますか？」と聞くので、その場で正直に申し上げました。

「残念ながら、あなたは一生、お金に苦労するでしょう」

その方の原稿料は、記事を作成して、1本あたり2万円ということでした。

しかも、その原稿を仕上げるのに取材に1日、執筆に1日かかるそうです。

ということは1ケ月間休みなく働いても、もらえるお金は多めに見積もって30万円。

健康保険や年金、税金を差し引くと手取りは20万円。ボーナスも有給休暇もなく、将来にわたって仕事がコンスタントにもらえる保証もありません。

こんな仕事を続けている人がお金持ちになれる可能性は、ほぼゼロでしょう。

「では、どうすればお金持ち列車に乗れますか？」という質問に対して、「自分の値段を自分で決められる人になってください」とお答えしました。

つまり、「価格決定権」を自分で握る、ということです。

そのためには、1次情報の発信者にならなくてはダメです。 1次情報を加工して発信していては、いつまでたっても2次情報の発信者でしかありません。

たとえば出版の場合、印税というロイヤリティは1次情報を発信する人に発生します。だから、著者には印税が発生し、ライターは一回きりの原稿料で終わりなのです。

件のライターは不動産や金融関係の取材をこなされており、お金に関する知識はかなりお持ちのようでしたから、私は「お金持ち」を対象としたセミナーを開催することを薦めました。**そこで、より価値のある人・もの・金・情報を得るようにアドバイスしたのです。**

やりがいだけではお金持ちにはなれません。現実の収入を直視し、将来計画を立ててください。

スキル・時間・エネルギーをお金に変える

「副業でおこづかい稼ぎ」を辞める

日本人の平均給料は、アルバイトで時給1060円、正社員で1937円です。（平成28年・厚生労働省）あなたは、本業以外の収入がほしいと思っていますか？

2017年にサラリーマンを対象に行われた意識調査で、副業をしている人は16・7%、1年以内に副業を始める予定の人は41・7%でした。（平成29年・大企業勤務者の副業に関する意識調査「NPO法人二枚目の名刺」より）

つまり、6割以上のサラリーマンは「おこづかい稼ぎ」がしたいのです。

しかし、私は、サラリーマンが副業を始めても、うまくいかないと思っています。

その理由は、「時間」と「エネルギー」の効率化がわかっていないからです。

通常、副業は、会社が終わってからか、休日の土曜日・日曜日に行います。

ほとんどの副業は時間を切り売りしてお金に変えているだけです。

これは、『小銭持ち列車』に乗る人の典型的な発想です。

会社から給料をもらっているため、自分の価値を「時給換算」するのです。

自分の1時間の労働価値は、少なく見積もって1000円か、高くても2000円くらいと考えています。「自分の稼ぎを時給計算している人」は、小銭は稼げても、決して大金は稼げません。

『お金持ち列車』に乗る人は、お金が流れ込んでくる仕組みを作って、その中で10倍100倍稼ごうと考えています。

もしあなたが仕事で成功したいと思ったなら、副業ではなく本業で稼いでください。

今、ネットを見ると、「自宅で簡単に始められる」「パソコン1台でお金が稼げる」「好きな時間にできる」などとうたい文句がちりばめられていますが、副業はどこまで行ってもメインではなくサブです。脇道で小銭を稼ぐより、本業で大きなお金を稼いでほしいのです。

人生は有限です。タイムリミットがあります。小銭しか得られない副業に貴重な時間とエネルギーを投入していれば、それは大きな機会損失です。

時間とエネルギーを効果的に現金化する

お金を増やす方法は、たった3つしかない

アメリカの投資家、ロバート・キヨサキは「お金持ちになるためには、お金のリテラシーを高めなさい」と言っています。

お金のリテラシーとは、「お金を使いこなすための知識・経験」のことです。

お金を増やす方法は、「稼ぐ」「貯める」「投資する」の3つしかありません。

自分のレベルをしっかりと見きわめ、着実にこの3つの段階を上っていきましょう。

お金のリテラシーのレベルが低い人は、まず「稼ぐ」ことから始めてください。いきなり「投資する」から始めると大ケガをしますから、注意してください。

さて、あなたの「お金のリテラシー」のレベルは、次のように現在の収入・資産状況でわかります。

レベルの低い方が投資をするのは早過ぎます。世の中の多くの「投資本」には「早めに投資を始めた方がいい」「複利効果で資産が大きく膨らみます」と書かれていますが、あれ

あなたの年収と資産	お金のリテラシーレベル
〜年収1,000万円　〜資産1,000万円	低い（小銭持ち）
年収1,000万円〜5,000万円未満 資産1,000万円〜1億円未満	普通（小金持ち）
年収5,000万円〜　資産1億円〜	高い（お金持ち）

は間違いです。

私の知り合いの編集者から聞いた話ですが、世の中に出ている「投資本」のほとんどは著者のバックにスポンサー（投資信託会社、ＦＸ会社、銀行、保険会社など）がいるそうです。それらの投資本はスポンサーの意向通りに書かれ、スポンサーが儲かる商品ばかり勧めるのです。

金融リテラシーのない段階で投資をしても、お金は目減りします。まずは、お金の知識・経験を積んでください。

「稼ぐ」「貯める」「投資する」の3ステップを学ぶ

お金を増やす時刻表

論語に「憤せざれば啓せず」という教えがあります。

「憤るくらいでなければ啓蒙しない」という意味なのですが、**私は「絶対にやると決めたら、現状は変わる」と解釈しています。**

私が賃貸アパートの営業マン時代に立てた「お金を増やす時刻表」を参考に挙げます。

まず、欲しい〝金額〟と〝時期〟を決めます。

人生の時刻表作りで大切なのは、その仕事でいくらお金が稼げるのか、¥マークを意識することです。**もうひとつ大事なことは、その仕事で目標金額が稼げないとわかったならば、すっぱりと辞める覚悟が必要です。**

次に、お金を手に入れる〝方法〟を考えます。私はアパートの賃貸営業では目標とする

単位（万円）

時期／収入	現在	1年目	2年目	3年目	4年目	5年目
年収	400	1,000	1,200	1,500	1,800	2,000
アパート1		400	400	400	400	400
アパート2			100	100	100	100
マンション1				800	800	800
起業した会社				500	1,000	1,500
合計年収	400	1,400	1,700	3,300	4,100	4,800

金額が稼げないことがわかっていたので、より稼げる投資用アパートの販売営業に転職しました。それから、具体的に〝行動〟し〝実行〟に移しました。まさに、「憤せざれば啓せず」の決意でした。

鉄道の時刻表は時間通りに運行します。**しかし、「お金を増やす時刻表」は、毎日、書き直していいのです。書き直すたびに、金額は現実味を増していくことでしょう。**

「お金を増やす時刻表」に目標金額を書き込む

列車を乗り換えるタイミングはいつか？

現在、日本の会社員の平均年収は４３２万円となっています（国税庁「民間給与実態統計調査」）。データ値の平均年齢は46歳ですから、中小企業に勤める20代から30代の人たちの収入はもっと低く、２５０万円から３００万円くらいが相場ではないでしょうか。（国税庁「企業規模別の平均給与」より）

このデータからわかることは、ほとんどの人たちは『小銭持ち列車』の乗客だということです。**まずは現実に気づき、それを認めることが第一歩です**。

人によって気づく時期はさまざまですが、だいたい就職してから3年が経過し、自分の収入と生活のレベルを実感し、また先輩や上司の暮らしぶりからおぼろげに自分の将来が見えてきたころでしょう。

私も不動産会社に勤めるサラリーマンとして、賃貸アパート仲介の営業からスタートしましたが、このままでは自由に海外旅行に行ったり、家族との時間を十分に取る豊かな生活ができないと気づいた瞬間から人生が変わりました。

次に、列車を乗り換えるタイミングです。いつ、どこで、乗り換えるか？

人生を変えるために必要なのは目標設定と、それを実現するための計画です。

1……欲しい〝金額〟と〝時期〟を決める。

2……お金を手に入れる〝方法〟を決める。

3……具体的な〝行動〟を書き出し〝実行〟に移す。

列車を乗り換えることは、「ライフスタイルを変える」ということです。今までの居心地のよかった人生を捨てるということです。

いきなり電車を飛び降りて、路頭に迷わないよう準備を心がけましょう。

乗り換えのタイミングは、登山の準備とよく似ています。私たちは普段着で登山には行きません。防寒着や登山靴を用意します。食料も水も携帯するし、事前に山の天気も調べます。**そして、一番大切なものは、目的地までの〝地図〟を持つことです。**

何かを変えるときは計画的に実行する

2両目

エコノミー席か、グリーン車か？

～お金が増える生活習慣～

お金持ちの頭の中

お金持ちは、いつも何を考えているのでしょうか？

2017年に行われた調査によると、世界のお金持ち（日本円で資産33億円以上）が関心を持っているのは、1位・ビジネス（56・9％）、2位・慈善活動・寄付（38・6％）、3位・スポーツ（33・0％）、4位・金融（28・3％）、5位・教育（17・8％）でした。（ウェルスX・調査報告書より）。

やはり、お金持ちは、第一に仕事のことを考えているのですね。

さて、私も仕事のことをいつも考えているのですが、同時に、「次に会う人のこと」を考えています。その人を喜ばせるために何を用意しようかと思案するのです。

相手に会う前に、相手が喜ぶ〝お土産〟を用意しておくのです。

お土産とは「お金」や「もの」ではなく、「人脈」や「情報」です。

たとえば、初めて北海道に来た方が独身者なら、大人の歓楽街の情報も含めてひとりで飲めるお店を教えます。男女2人なら夜景が見えるレストランや穴場スポットを、家族連れならアミューズメントパークやスイーツのおいしい店を教えます。

もちろん、相手が経営者なら商談の場も用意します。一緒にビジネスをできる人には、場合によっては銀行や証券会社など金融機関の支店長も紹介します。

相手の夢を応援すると、今度は相手が自分の応援団になってくれます。相手に「成功」をもたらすことで、こちらに「成功」がもたらされるという好循環が生まれます。

ですから、「人との出会いを大切にする人」や「利他の精神で相手のためになることを行う人」は、自然にお金持ち列車に乗ることができるのです。

一方、列車に乗れない人は、常に自分のことしか考えていません。怪しい情報、損する情報、自分だけが儲かる情報を持ってやって来て、あなたに損害をもたらします。「だれのため」という視点で考えれば怪しい人はすぐにわかります。

実は、お金持ちは、〝人〟で儲けているのです。

人を喜ばせるお土産を用意する

お金持ちはサプライズが大好き

お金持ちはビックリすることが好きです。それは、なぜでしょうか？
お金持ちは売っているものならば何でも手に入る生活をしています。
だからこそ、「お金で買えないもの」に興味を持ちます。それが、サプライズです。いきなり人を喜ばせたり、逆に自分が驚かされることが大好きなのです。

私はあるとき、知り合いのサロン経営者と一緒にバーでワインを飲んでいました。彼のかっこよい生き様に感動し、彼がサロンで販売しているシャンプーをその場で2500本、総額600万円分を買わせてもらったことがあります。こんなサプライズをしたのも、彼の喜ぶ顔が見たかったからです。もちろん、シャンプーは私の知り合いに無料で配りました。

また、私の友人経営者は北海道で上場した会社の社長をお祝いするために、「矢沢永吉のそっくりさん」をサプライズでお呼びしてお祝いしました。永ちゃんの大ファンである社長は大喜びして、みんなでカラオケを熱唱して盛り上がりました。

サプライズがヘタな人は、いつでも手に入る高級食器を送ったり、冷凍のカニを送ったりします。まったく特別感がありませんし、心のこもっている感じがしません。**喜ばれるサプライズのポイントは、その人のために選んだもの、そのときにしか手に入らないもの、という「特別感」があるかどうかです**。

周りの人を喜ばせることはビジネスにもよい影響があります。もしサプライズで喜んでくれたお客さんとの仕事で、1億円の利益が出たらどうでしょうか？

サプライズ好きなお金持ちが、ますますお金持ちになる理由がわかると思います。

相手が一番喜ぶことを考える

いまどき贈答箱に入ったサラダ油や海苔を送るのは、わざわざお金を使って義理を送っているようで、あまり喜ばれるものではありません。一言もメッセージが書いていない年賀状も同様です。お金をかけているのに相手が喜ばないのは、もったいない話です。**ぜひ、知恵を絞って、相手を笑顔にしてみてください**。

なぜ、お金持ちはファーストクラスに乗るのか？

私は毎週のように北海道と東京の事務所を飛行機で往復しているのですが、移動時は必ずファーストクラスに乗ります。国内線のファーストクラスはエコノミークラスと1万円くらいしか違いません。海外、とくにヨーロッパ線などはいきなり100万円くらいチケット代がアップしますので、こちらはさすがに躊躇しますが、国内線は差額を支払ってもグレードアップした席に座ります。

その理由は、エコノミークラスは疲れが溜まり、ファーストクラスは疲れが取れる……。この差が大きいのです。

広いリクライニングシートに寝て、リフレッシュした状態で商談に臨むのと、狭いエコノミーシートでクタクタに疲れて、睡眠不足で商談をするのでは、結果がまるで違います。お金持ちは1回の商談で数千万円、数億円の取り引きをすることも珍しくありません。

そのためなら、ファーストクラスの値段はむしろ安いと感じるのです。

ファーストクラスは座席によって、「出会い」があります。

たとえば、私の経験で言うと、ある飛行機に乗ったときのこと。憧れていたベストセラー作家と隣同士になり、その後、親しくお付き合いするようになりました。

このような出会いは、エコノミー席では決してなかったでしょう。

ファーストクラスでは時間の自由度が高くなります。機内に最初に乗り込むこともできますし、最後に乗り込むこともできます。食事も睡眠も自由な時間にできます。

CA（キャビン・アテンダント）がお客4人に一人つきますが、こちらが望めば不要なサービスはゼロとなり、よい意味で「ほったらかし」にもしてくれるのです。

お金持ち列車に乗る人は、ファーストクラスの価値を知り、それを最大限に活用しています。しかし、小銭持ち列車に乗る人たちは、ただ値段にびっくりするだけで、本当の価値を知ろうともしません。**高度なサービスは、もはや〝文化〟です。**

自分で体験しなければ、その価値は決してわからないのです。

本物のサービスに触れ、本物の価値を知る

お金持ちは「ケチ」なのか？

「お金持ちはケチだ」という話をよく聞きます。たとえば、マイクロソフトを創ったビル・ゲイツは２０１８年現在、約10兆円の資産を持っていますが、マクドナルドでハンバーガーを買うときは、必ず割引クーポンを使うそうです。

私も会社の電気はこまめに消しますし、モノクロで済む書類をカラー印刷する社員には注意しています。

私は、「ケチ」と「節約」の違いをわきまえているつもりです。

ですから、1円でも無駄遣いはしません。そのお金を支払う価値や意味があるかどうかを常に考え、無意味な出費を最低限に抑えています。

そして、不要な出費を抑えて作った資金は、将来のリターンを考えて投資します。

ケチと節約の違いを、日本人と中国人の家具の買い方を例に説明しましょう。

日本人は家具を「消耗品」と考え、安い家具を何度も買い換えます。ところが、中国人は家具を3世代にわたって使える「財産」と考え、しっかりとした高級家具を買います。それを代々受け継いだほうが、お金が残ることを知っているからです。

製薬会社大手の大正製薬は、過去最高益をあげた年に人員整理をしています。普通は特別ボーナスでも出すのに、「なんてケチな会社だ」と考えるかもしれません。

会社の調子が悪いときにリストラをすると、優秀な人材から退職するため、会社は潰れかねません。**しかし、同社は先を読む力を持ち、会社の調子がよいときにリストラをしたのです**。

そして、余剰資金を研究開発につぎ込みました。将来、ガンの特効薬が見つかれば、その投資は何百倍、何千倍の利益になるでしょう。

これこそが、お金持ち列車に乗る人のお金の使い方です。

お金のリテラシーが高い人になる

オンボロな家に住む世界一の投資家

世界一の投資家であるウォーレン・バフェットは、資産9兆円と言われています。

ところが、彼の住んでいる家は、60年前に320万円で買ったものだそうです。

さらに、自家用車も300万円ほどの一般車。資産が9兆円もあればどんな大豪邸でも超高級車でも買えそうですが、バフェットはそうしていません。


私が住んでいる家も、2000万円で買った中古一戸建てです。そして、今の家を買う前は、家賃7万円の家に夫婦2人と子ども4人の家族6人で暮らしていました。

当時の収入でも、もっと豪邸に住むことはできました。しかし、私は資産を大きく育てるまでは、見栄を張らずに家賃の安い家に住むべきだと考えました。


見栄のためにお金を使う人は、どんなに収入が高くてもお金持ち列車には乗れません。

大スターだったスポーツ選手や俳優が、いつの間にか落ちぶれてしまった、という事例はたくさんあります。

株式上場して大金を手に入れた経営者が、大豪邸を購入したり、銀座のクラブの女性に入れ揚げて財産を無くした話もごまんとあります。

宝くじに当選した人も、1年ほどでお金を使い果たし、借金まみれになることもよくあります。それらは全て、見栄のためにお金を使ってしまうからです。

お金持ち列車の乗客は、無駄なことにお金を使わないから乗客でいられるのです。

年間2兆円の利益をあげるトヨタの本社は、ごく最近までボロボロの建物でした。海外から訪れた大企業の社長がトヨタの本社を社員寮と勘違いして、本社ビルを1時間以上も探し回ったという笑い話があるほどです。

また社内には役員室がなく、役員は社員と机を並べて仕事していたそうです。

このように見栄を張らずに、ひたすら品質向上に投資を続けてきたからこそ、「世界のトヨタ」になったのではないでしょうか。

目的のためには無駄な出費をしない

お金持ちは100円ショップに行かない

月に2~3回100円ショップに行く人の割合は約40%、月に1度の人も含めると約70%にもなるそうです。(2017年・中小機構の市場調査より)

それくらい日本人は安い買い物が大好きなんですね。

しかし、生活をすべて安い品物で済ませている人が、はたしてお金持ち列車に乗れるでしょうか? 私は難しいと思います。なぜなら、100円の品物に囲まれている生活を長く続けると、それが当たり前になってしまうからです。

たとえば、毎日100円のおかずを食べ続けている人は味覚が変わり、「100円舌」になってしまいます。高級な食事よりも安い料理の方がおいしく感じるようになってしまうのです。

また、安い商品を使っていると、「本物」と「偽物」を見わけることができなくなってしまいます。

もうひとつ、お金持ちが安物買いをしない理由があります。それは、モチベーションです。**お金持ちは自分の気持ちを高揚させ、気分をよくしてくれるものに価値があると考えています**。たとえば、商談に向かうとき、自分の意識を高め、背筋をシャンと伸ばしてくれるようなスーツなら、数十万円しても投資だと考えるのです。

皆さんも覚えがあると思いますが、**好きなもの、気に入ったものに囲まれると気分がよくなるのではないでしょうか。お金持ちは心のゆとりを大切にします。**

たとえば、いつも店長がイライラしているお店と、いつも笑顔のお店では、どちらにお客さんは行くでしょうか？　いつも怒鳴り散らす社長と、ニコニコしている社長では、どちらの会社の社員が働くでしょうか？　答えは明確ですよね。

ちなみに、100円ショップは、ひとりのお客さんが500円以上買わないと採算が取れないそうです。もし、あなたが一度に500円以上買っているなら、お金持ち列車の「乗客」ではなく、100円ショップの「上客」ということです。

安物に囲まれた人生にサヨナラする

一流の人は一流のものを知る

中国の富裕層の間で爆発的な人気を集めている宝飾品の一つが「サンゴ」です。サンゴを取り扱うお店の店長によると、一般の人は10万円のサンゴの指輪と１００万円のサンゴの指輪は見分けがつかないそうです。しかし、普段から一流のサンゴを見ていると、一目でわかるようになるそうです。

私も「不動産バカ」と言われるほどに不動産の物件をたくさん見てきました。今ではネットの不動産情報サイトなどを見た瞬間に、その不動産の価値や将来値上がりするかどうかがわかります。それは直感のようなものですが、私はこの直感のおかげで成功することができました。

「直感を磨く」ためには、自分の目を養うことです。

「観察眼」は、その分野の情報にたくさん触れることで育まれます。

一流に触れなければならない理由がもうひとつあります。それは、「こだわり」です。
グッチやルイ・ヴィトンなど高級ブランド品に触れることで、メーカーのもの作りへの哲学が理解できます。一流ブランドメーカーのこだわりを自分の仕事に置き換えると、どうすれば一流になれるか、自分の仕事を深く考えるきっかけになるのです。

私も不動産投資家として一流を目指し、賃貸仲介から管理、建築、販売、物件所有と「こだわり」を持って取り組んできました。そして、自分の専門性を研ぎ澄ましていくうちに、一流の人と仕事ができるようになったのです。

簡単なことに見えるかもしれませんが、一流ブランドと同じ長年の積み重ねの結果、専門性は手に入れられるのです。

お金持ち列車に乗る人は皆、一流ブランドに触れ、自分自身の仕事を一流のブランド品同様に価値あるものだと思っています。このように、一流に触れることで直感を磨き、本物として成長していくことができるのです。

身の回りに一流のものを置く

競馬は「鉄板レース」だけやれば勝てる

競馬は「ギャンブル」です。レースの勝敗はわかりません。

ところが、競馬ファンによると、月に一度くらいは「鉄板レース」があるそうです。「鉄板」とは、勝利する馬がわかりやすいレースのことであり、そのレースだけにお金を賭ければ、かなりの可能性で勝てるのです。

私は競馬をやりませんが、同じように「勝てる＝儲かる」とわかっている「鉄板レース＝不動産」にしか手を出しません。「鉄板」なので、これまでマイナスになった投資は記憶にありません。**長年の経験から、勝てる道筋が見えるのです。**

たとえば、2017年に北海道ニセコの「倶知安《くっちゃん》」という場所の土地を6000万円で買いました。まだ何もない荒地ですから、普通の人からは「なんであんな土地を買うの？」と無謀なギャンブルに見えたかもしれません。

しかし、実はそこが9年後には高速道路が延び、札幌から車で1時間で行ける場所になること、そして13年後には北海道新幹線が停まることを私は知っていたのです。

しかも、この情報は、地元の市役所の窓口でだれでも聞くことができたのです。

北海道のニセコは海外の観光客に大人気で、将来的には国際的なリゾート都市に生まれ変わる予定です。すでに、三井不動産が旗を振り、パーク・ハイアット・ホテルやリッツ・カールトン・ホテルといった超一流ホテルの建設も予定されています。

このような背景から、倶知安の土地は2018年に3億円で売れました。

私はニセコという土地の賑わいや国際リゾート化計画、交通網の開発計画から判断して、倶知安の土地を買いました。調査を積み重ね、未来を読んでいたわけですから、この土地が高く売れることは「鉄板レース」だったのです。

勝てる勝負だけをする

ちなみに、馬券の還元率はおおむね75％前後です。最も還元率が低いのが「宝くじ」で、たったの45・7％です。**お金持ち列車に乗る人は、馬券も宝くじも買いません。競走馬のオーナーになるなど趣味・道楽と割り切って付き合っているのです。**

現代の花咲か爺さん、竹田和平さんの教え

日本で最も株式投資で成功したひとりに、竹田和平さんがいます。

和平さんは誕生日が2月4日だったのですが、同じ誕生日に生まれた全国の子どもたちに一つ5万円くらいする金貨をあげていました。なぜ、あげていたかというと、「金貨をもらった子どもたちは一生幸せになる」という考え方があったからです。

この世に生まれてくることは奇跡的なことであり、本当に喜ばしいことです。それを和平さんは金貨を送ることによって、子どもと家族に訴えたかったのです。

金貨をもらった子どもは、金貨を一生大事にします。誕生日が来るたびに金貨を取り出し、この世に生まれてきたこと、生んでくれた両親に深く感謝します。そして、自分だけでなく他の人たちも等しく大切な存在であることに気づくのです。

和平さんが、どれほど多くの金貨を配ったかは、計り知れません。あるとき、名古屋で和平さんの講演会があり、500人くらいが集まりました。気をよくした和平さんは、「僕

にじゃんけんで勝った人に金貨をあげる」と言い出しました。

さらに、こう言ったのです。「僕はグーを出すからね、グーを出すからね」

会場のほとんどの人たちはパーを出し、ほぼ全員が金貨をもらいました。

昔話では、花咲か爺さんが枯れ木に灰をまくと花が咲きました。和平さんも金貨を配ることによって、人々の心の中にたくさんの花を咲かせていったのです。

また和平さんは、「お金は流れるもの。もらうとき、出すときに心を入れろ」と言っていました。たとえば、あなたが何か買い物をするとき、「高いな」とか「もったいないな」と思って使うと、あなたはどんどん貧乏になっていきます。

逆に何かを買ったり、だれかに支払ったりするときに、心から「ありがとう」と感謝しながらお金を使うと、お金は10倍にも１００倍にもなって返ってくるそうです。

竹田和平さんは２０１７年に亡くなりましたが、和平さんの「花咲か爺さん」の教えはこれからも長く生き続けることでしょう。

お金を使うとき「ありがとう」と言う

3両目

お金持ちは
やたらと名刺交換しない

～一流の人との付き合い方～

お金持ちは肩書きで仕事をしない

都内で40年近くも続いている異業種交流会『VAV倶楽部』の近藤昌平会長が書いた本に『人脈を作りたかったら名刺を捨てなさい』（サンマーク出版）があります。

この本のテーマは、異業種交流会で名刺交換だけをしても意味はなく、「また会いたい」と思ってもらえる人間性を磨くことが大切だというものです。

一流の人は名刺の肩書きで仕事をするのではなく、自分の実力で勝負するのです。

私も実感していますが、一流の人とはなかなか出会えません。

自分の実力が高まったときに、それに見合った人脈が自然と紹介されます。

世の中は自分の身の丈にあった人と、出会うようにできているのです。

ところが、最近は「会社以外での人脈作り」ということばが流行し、あちこちの異業種交流会で名刺をバラまく姿が見られます。しかし、そこでいくら名刺を配っても優良人脈はできません。

お金持ちは異業種交流会には滅多に顔を出しませんし、やたらと名刺交換をすることもありません。なぜかというと、そのような場に名刺交換を目的にやって来る人は仕事とお金とチャンスを得たい「クレクレ星人」ばかりです。そんなクレクレ星人と名刺交換をしても、その名刺は役に立たないただの紙切れです。

私は、だれでも参加できる100人のパーティーより、限られた人だけが参加できる10人のパーティーの方が断然意義があると思っています。

顔と名前、そして仕事内容も一致しますし、その人と付き合うか付き合わないか、応援するかしないかをきちんと考えることができるからです。

あるパーティーで知り合った経営者は「上場会社の社長を500人知っている」と豪語していましたが、1年お付き合いしても、誰ひとり私に紹介してくれませんでした。ところが別の経営者は、私が「あの人と会いたい」と言うと、その場で本人に電話してくれたのです。これには驚きました。私はこの人と仕事がしたいと思いました。

肩書きではなく実力で信頼される人になる

有名になりたかったら有名人の輪の中に入る

落語家の真打襲名披露に招かれて行くと、たくさんの芸能人、タレント、文化人、スポーツ選手がいてびっくりします。

テレビや新聞、雑誌で見かける人たちが何百人と着席しています。

落語は日本の伝統芸能なので各界の著名人が応援してくれるわけです。

有名人になりたかったら、まずは「自分の理想像（マイヒーロー）」を決め、その人が属している「有名人の輪」に入る必要があります。たとえば、本が書きたかったら、ベストセラー作家を見つけて友人になるのがいいでしょう。また、講師デビューしたかったらカリスマ講師と親しく付き合うことが近道です。

私のヒーローは、もちろんロバート・キヨサキです。私よりも数段レベルが上の人で、不動産で成功し、世界的に活躍しているからです。

この「有名人の輪」に入るか入らないかで人生も成功と失敗にわかれます。

輪の中に入る方法は簡単です。まず、ひとりでいいので、有名人と友だちになって、その人を大切にしてください。

「最初のひとり」を見つけるのにハードルが高いと思うかもしれませんが、意外と簡単です。私の知り合いの女性は、サザンオールスターズの桑田佳祐と一緒にビリヤードをしたことがあるそうです。どうしてそんな大物と知り合えたのかと聞くと、彼女の友だちが桑田佳祐と大学時代の同級生で、「いきつけのバーに友だちが来ている」と誘われて行ってみたら、なんと桑田佳祐だったそうです。

このようにあなたの友だちが大物を知っているケースはたくさんあります。

最後に、有名人と付き合う際の注意点があります。それは「媚びないこと」です。

有名人には大勢の人がすり寄ってきますが、そんな人はいちばん嫌われます。間違っても、「ツーショットを撮っていいですか?」といったミーハーぶりを見せないでください。とたんに嫌な顔をされ、あなたは輪の外に放り出されます。

あなたのマイヒーローを決める

ゴルフ場はワンランク上の人脈を作る場所

アメリカで最も多くの起業家を輩出しているスタンフォード大学の面積は33平方キロメートルで、だいたい東京都の杉並区と同じ広さがあります（ちなみに東京大学・本郷キャンパスの面積は0・4平方㎞）。そんな広大な同大学の中には、全18ホールの立派な「ゴルフコース」があります。1番ホールが最も難易度が高く、なんと人や車が通る道路越えです。あのタイガー・ウッズもスタンフォード大学に在籍していたので、彼も道路越えのボールを打ったに違いありません。つまり、起業家を目指すスタンフォードの学生は、ゴルフをすることが推奨されているのです。

なぜ、起業家たちはゴルフをするのでしょうか？

それはゴルフが他のスポーツと違い、ゆっくりと会話を楽しみながらできるスポーツだからです。プレイの合間にお互いの人間性を知り、しっかりとした信頼関係を築くことができます。そして、関係が深まれば、ビジネスの話をすることもできます。

ゴルフでは正直さや慎重さ、戦略的な思考力や忍耐力、さらには決断力も試されます。そのスリルと緊張感がお金持ちには快感なのです。

また、ゴルフをする人は「お金持ち」であり、「時間持ち」です。なぜならゴルフをする余裕があるということは、あくせく働く必要がなく、時間をコントロールできている証拠です。そのような人たちが集まる場だからビジネスチャンスもあるのです。

さて、ゴルフをするときのマナーとして、気をつけて欲しいことが2つあります。

1．自分から売り込んではいけない。

2．ゴルフ場で聞いたことを他人に話してはいけない。

とくに、2が大事です。口が固いことは、上質な人脈をつくる鉄則です。

たとえば、安倍晋三首相はトランプ大統領とよくゴルフをしますが、そこで話した話は絶対にマスコミに一言も漏らしません。ゴルフコース上は基本的にSPもいませんから、間違いなくトップシークレットな話し合いがされていることでしょう。

「お金」と「時間」に縛られない

お金持ちは常に先手を取る

かつての剣の達人同士の勝負は、出会った瞬間に勝負が決まったそうです。

また現代でも、オリンピックに出るような柔道選手は、相手の黒帯の結び方を見て、「あっ、この試合、負ける」と思うことがあるそうです。

名人は相手の戦力を一瞬にして見切ってしまうのです。

ビジネスの世界でも、できる営業マンはお客さんと会った瞬間、「よし、落とせる」と思うそうです。**私も、取り引き相手と会った瞬間、そのビジネスが成功するか、失敗するかがだいたいわかります。仕事の世界でも瞬時に勝負が決しているのです。**

より確実に人間関係を深める方法があります。

初めての人に会うとき、事前にその人のことを調べておくことです。

相手の趣味や特技、興味のあることを情報としてインプットしておくだけで、いきなりフレンドリーな関係になったり、ビッグチャンスが舞い込むことがあります。

逆に調べてこない人はビジネスの波に乗ることができなくなってしまいます。

調べる方法は簡単です。帝国データバンクのデータを見ると、その社長の趣味も愛読書も、座右の銘も、ときには飼っているネコの種類も書いてあります。また、フェイスブックなどを見ると、交友関係やどの料亭に通っているかも一目瞭然です。

私もよく経験するのですが、初対面なのに「末岡さん、あなたのビジネスは素晴らしいですね」といきなり言われることがあります。今までお会いした一流の経営者や成功している経営者は、みな相手のことを事前に調べていました。すると、自分がとても大切にされているように感じ、相手に好感を持ってしまうのです。

ビジネスの成功は事前準備が9割

スポーツの世界では、いきなり無名の選手が金メダルを取って有名になることがあります。柔道、レスリング、体操、水泳、マラソンなどなど。**しかし、これは偶然ではなく、気の遠くなるような努力の賜物なのです。**サッカーの本田圭佑選手も「準備がすべて。準備の段階で試合は始まっている」と言っています。

相手の財布のことを考えてあげよう

日本一の個人投資家、竹田和平さんのエピソードをもうひとつ紹介します。

和平さんの家には日本じゅうから、大勢の人が会いたいと言って訪れました。それらの人を快く迎えた和平さんは帰りがけに「これ、電車賃や」と言って、封筒に入ったお金を渡していたそうです。その金額がなぜか相手の交通費と、ぴったり一致していたそうです。

いつも「相手の財布」のことを気にかけていたからできた芸当でしょう。


世の中の不動産投資家の本を読むと、たいてい自分の利益のことしか考えていません。

「何十件も銀行を回って少しでも金利の安いところを見つけた」

「複数の銀行を競わせてギリギリまで金利を安くさせた」

こんなことが成功談として自慢げに書かれています。**しかし、私に言わせれば、これでは銀行員の協力が得られません。むしろ迷惑な客として敬遠されてしまうでしょう。**

私は、まったく逆のことをします。

銀行での金利交渉の際は、担当行員が出してきた金利に対して、「おたくも儲けてください。金利を０・１％上げてください」と言うのです。

それを聞いた銀行マンは目をパチクリさせて驚き、実にうれしそうな笑顔を浮かべます。

そして、その後は銀行に集まる特別な不動産の情報や融資の話を、いちばんに私に持ってきてくれるようになります。

さらに、私は不動産投資で融資を受けた銀行の担当者に頼んで、積立預金をします。

積立金には融資を受けた不動産投資の利益を使います。口座の開設は担当する銀行マンの実績になる上に、順調に積み立てが続けば融資した不動産投資がうまくいっていることも一目瞭然になります。そのため融資を担当した銀行員の評価はさらに上がり、支店長に褒められることもあるそうです。

借り手の評判は担当者が変わっても銀行内部で引き継がれますから、ずっと私に対する好印象が続くのです。

「相手の財布」を膨らませてあげる

お金持ちはありえないくらい人を大事にする

「お金に羽は生えているけれど、足は生えていない」とよく言います。これは、「お金は知らない間に使ってしまって飛んでいくが、向こうから歩いてあなたのところにやって来ない」という意味です。

昔は、お金のことを「おあし（＝お足）」と呼んでいました。

人に感謝される商売をしていると、人が歩いてやってきてお金を払ってくれます。

まさに、「人＝お金＝お足」と言えるでしょう。

だから、お金持ちは人を大事にします。なぜならば、お金を運んでくるのは人だからです。

お金が人を動かしているのではなく、人がお金を動かしているのです。

言い換えれば、人の心が動いて初めてお金が動くのです。

お金持ちはこの原理をわかっているからこそ、人をとても大事にしているのです。

そして、お金も、人の心を動かせる人のところに集まります。

私は何人かの社長さんと食事をした後、カバンに付けておいたストラップが外れてなくなっていることに気がつきました。妻から結婚記念日にもらった大切なストラップだったのですが、そのとき、ある社長さんは値段を聞いてきて「なんだ、安物なら買ったほうが早いよ」と言いました。もうひとりの社長さんは、「大切な品なんですね」と心配してくれましたが、それで終わりです。最後まで残った社長さんが、「駅までの道を歩いて探しましょう」と提案し、彼は私と一緒に探してくれたのです。

結局、ストラップは見つからなかったのですが、私の〝探し物〟は見つかりました。

人を大切にする人になる

人は「自分を大切にしてくれる人と付き合う」という習性があります。

「世界一のメンター」と称されるジョン・C・マクスウェルは、講演会の中で、「社員は自分の価値を最も認めてくれる上司の下で働く」と言っていました。

うわべだけの付き合いではなく、本音で語れる経営の友がいることが私の財産です。

上から引き上げてもらえる人

お笑いで有名な『吉本興業』では、「売れない芸人」を人気者にするために「売れている芸人」と一緒にテレビに出します。すると、「売れない芸人」が「売れる芸人」になり、また同じように別の「売れない芸人」とセットにして営業していくのです。

吉本興業には3000人以上の芸人が登録していますが、トップに立っている芸人はみな、かつて売れている芸人に引き上げてもらったのです。

これと同様に、お金持ち列車に乗るためには自分で努力することも大切ですが、すでに成功している人から引き上げてもらうことがとても重要です。

私自身も普通のサラリーマンだったころから今に至るまで、さまざまな場面で上の人に引き上げてもらいました。

では、どのような人が応援されるのでしょうか？

「ひとつのことを10年以上やっている」「社会に対する愛を持っている」「家族を大切にしている」「約束を守る」「嘘をつかない」。私はこの5つの条件が必要だと思います。

どんなことでも10年以上続けば、周囲は応援してくれます。

また、お金持ちは社会に対する愛（＝貢献する志）がある人を将来の仲間だとみなして、力を貸してくれます。家族を愛し、約束を守り、嘘をつかないのはその人の「人間性」につながります。お金持ちは誠実で信頼できる人に対してのみ、自分の大切な人脈を紹介してくれます。

応援される「スイカ口」になろう

ここで、上から引き上げてもらえる人になる方法をお伝えしましょう。それは、「いつも笑顔」です。笑顔になるのはとても簡単です。スイカを食べるときはだれでも自然と口角が上がり、口がスイカと同じ形になります。これを「スイカ口」といいます。

今、テレビで活躍している人は、みな口角の上がった「スイカ口」です。あなたもスイカ口にするだけで性格が明るくなり、周りから応援される人になれますよ。

「お金持ちフィルター」で付き合う人を選ぶ

『無双シリーズ』などで有名なゲームソフト会社・光栄（現コーエーテクモホールディングス）の襟川陽一社長は、**人と付き合う上で「会って楽しい人と付き合う」「世の中のためになる人と付き合う」「お金が儲かる人と付き合う」という3つの基準を設けているそうです。**そして、この基準を使うようになってから怪しい誘いや無意味な人間関係に悩まされることがなくなりました。

人と付き合う上での基準を、私は「お金持ちフィルター」と呼んでいます。基準を持たずに周囲と付き合っていると、時間がいくらあっても足りませんし、ときには騙されて足元をすくわれてしまうことがあります。

お金は人によって運ばれるものですから、積極的に多くの人と付き合うことはとても重要ですが、中には無駄だったり、有害な付き合いもあるのです。

私の知り合いは「税金対策になりますよ」という怪しげなコンサルタントの誘いに乗り、3500万円を手に入れました。ところが、それはウソの申請で国からお金をもらう「補助金詐欺」だったため、コンサルタントもろとも逮捕されてしまいました。

ほかにも、ダイエットトレーナーが自分のノウハウを盗まれた事件もあります。「あなたが開発したダイエットプログラムを使って共同経営しましょう。会社はこちらで設立したので社長になってください」と頼まれたのです。ところが、代表権のない社長だったために、会社経営がうまくいったとたんクビにされてしまったのです。

共同経営に誘われたのは、ノウハウを奪うワナだったのです。

このように、そもそも人生の目的が違う人、価値観が違う人と付き合っていると、時間も、エネルギーも、お金も奪い取られてしまいますから気をつけてください。

お金持ち列車に乗るためには、付き合う人が善人か悪人かを判断する「お金持ちフィルター」がとても大切です。**そして、自分の目が曇らないためにも、フィルターのお掃除は定期的に行ってください。**

人生の目的が同じ人と付き合う

「人脈の断捨離」を習慣にしよう

人間の細胞は約3ヶ月で入れ替わるそうです。また血液は4ヶ月、筋肉は7ヶ月、骨も3年で全部入れ替わるそうです。新陳代謝は、生物として人間が生きていく過程で起こる自然現象です。

細胞の入れ替わりと同じく、私は「人脈」も5年も経てば、全部入れ替わってよいと考えています。むしろ、そうなる方が自然ではないでしょうか？

では、どんな人脈を入れ替えればいいのでしょうか？　たとえば、こんな人です。

・いつも不平不満を漏らしている人。
・その場にいない人の悪口を言う人。
・自分だけ得しようとする人。
・見栄を張る人。

こんな人たちとは少しずつ距離を置いていってください。

いきなり縁を切るのではなく、「こちらから連絡しない」だけで十分です。相手から誘いがあっても口実を作って断りましょう。自然に縁が消滅していきます。

ある経営者から『友だちエントロピー』という物理の法則を聞きました。「友だち関係は放っておくと、どんどん散らかり、乱雑な状態になる」というのです。**散らかった部屋は勝手にきれいになりません。整理モードに入らないと整理できないのです。**

昔、テレビCMで、『フェイスブックの友だちは1000人いる。でも、本当の友だちは何人？』というものがありました。このコマーシャルは希薄な人間関係をいくら増やしても、まったく本人のためにはならないことを訴えかけていました。

たったひとりだけど困ったときに助けてくれる友だちと、1000人いるけどネットで「いいね」を押してくれるだけの友だち、あなたはどちらが大切ですか？

私たちは本当に大切にしたい人だけを大切にした方が幸せに生きられます。

そのため、常に人脈は整理していったほうがよいのです。

「いい人脈」と「どうでもいい人脈」をわける

お金を請求したとたんに人間関係は終わる

友だちから「明日、素晴らしい講演会があるから、ぜひ聴きに来て。きっとあなたのためになるから」と、こんな誘いを受けたことがありませんか？

友だちに連れて行かれた講演会でネットワークビジネスの勧誘をされ、高い鍋や布団を買わされた経験はないでしょうか？　**このように「人間関係をお金に換える」ことをしたとたん、何十年もかけて築いた人間関係は一瞬で消え去ってしまいます。**

私は、友人からどんなに難しいことを頼まれても、謝礼を請求したことはありません。なぜなら、私の労力はお金では買えないからです。親切心でやったことに対してお金をもらってしまったら、思いやりが台無しになってしまいます。

お金を請求するということは、見返りを求めるということです。

それは友人関係におけるタブーです。一度、お金を請求してしまうと、善意がお金に換算されてしまいます。つまり、友情もお金で計れるものになってしまうのです。

お金持ちは、自分の行動に値段は付けません。
お金持ちは、感謝の言葉を期待していません。
お金持ちは、損得勘定をしません。
お金持ちは、よい行いそのものに満足しています。

お金を請求することを、英語では「クレーム（claim）」と言います。直訳すると「権利がある」ということです。他にも「追い詰める」という意味もあります。これが転じて日本語のクレームは、「文句をつける、苦情を言う」の意味になりました。

当たり前のことですが、相手にクレームをつければ人間関係は終わってしまいます。

もうひとつ、お金を請求する言葉で「チャージ（charge）」があります。これはもともと「奪い取る」という意味ですから、人間関係を終わらせる行為と言えるでしょう。

人間関係を利用してお金を得ようとする人は、決してお金持ち列車には乗ることができないのです。

親切心に見返りを求めない

4両目

お金が友だちを連れて帰ってくる

～お金を増やす方法～

「成功の扉」を開ける4つの鍵とは？

あらゆる「ギャンブル」は、必ず胴元が儲かるように設定されています。なぜなら、どのギャンブルも賭けられたお金から何％かを最初に胴元が取り、残ったお金を配当する仕組みだからです。私はこれを「ノーリスク・絶対リターン」と呼んでいます。

あなたが投資で成功するためには、４つの可能性の扉を開ける鍵が必要です。

ひとつ目は、「価値の確実性」です。投資には「有形のもの（＝不動産や金など実体があるもの）」と「無形のもの（＝証券や暗号通貨など実体がないもの）」があります。

ここで注意したいのは、株・投資信託・ＦＸ・ビットコインはどれも無形だということです。実体のないものが一瞬で高騰したり暴落したり、１００倍になったり１００分の１になったりするわけですから、これらはギャンブルと似ています。

しかし、「不動産（＝土地、建物）」は価値が消滅することはありません。

ふたつ目は、「リスク回避」です。お金持ちは投資を始めるとき、「どれだけ儲かるか？」という基準では判断していません。「安全か、危険か？」で、そのビジネスがうまくいくかどうかを判断しています。そのために必要不可欠なものが情報です。お金持ちは有益な情報に莫大なお金を払ってリスクを回避しています。

3つ目は、「ビジネスパートナー」選びです。お金持ちは、必ず「情報強者」と組んでいます。「何をやるか」より「だれとやるか」が大切なのです。間違っても「情報弱者」のことばを信じてはいけません。儲かるどころか全財産を失ってしまうでしょう。

4つ目は、「自己投資」です。つまり、「自分の頭の中に投資すること」です。私は、読書やセミナー参加費用として年間1000万円以上をかけてきましたが、それによって毎年数十億円を楽に稼げるようになりました。お金は盗まれることがありますが、頭の中に蓄えられた知恵や知識はどんな大泥棒にも盗まれることがないのです。

自分の頭の中に投資しよう

お金が増えていく人、減っていく人の違い

同じように働いているのに、お金がどんどん増えていく人と減っていく人がいます。

40代の金融資産保有額(現金を含む)は、1000万円以上の世帯が20・7%です。

一方、ゼロという世帯が33・7%もいます。(金融広報中央委員会・2017年)

なぜ、このように大きな差が出てしまうのでしょうか?

お金がどんどん増えていく人は、「お金の用水路」を作っています。これは、作物を植えたあとの畑にバケツで水を運ぶかわりに、用水路を作って水を引くことです。

水路を掘るのは大変な作業ですが、一度作ってしまえば、その後は一回もバケツで水を運ぶことなく、広大な土地に緑あふれる作物を育てることができます。

しかし、多くの人はバケツで畑に水を運び続け、「稼いでも稼いでもお金が貯まらない」とこぼしています。お金持ち列車に乗れないのはこのような人たちです。

世の中は「お金が増える仕組みをつくる人」と、「知らない間にお金を吸い取られる人」の2種類にわけられます。いちばん極端な例が「金利」です。「金利をもらう人」はお金持ち列車の乗客であり、「金利を払う人」は小銭持ち列車の乗客です。

クレジットカードのリボ払いは、下手をすると一生、金利を払い続けることになります。小銭持ち列車の乗客は、月々の支払いが楽になり、自分はお金と上手く付き合っていると錯覚していますが、お金が減る仕組みに乗せられているだけなのです。

クレジットカードにも、ひとつだけいい点があります。それは若いときに買う婚約指輪です。60歳になってお金ができてから婚約指輪を買っても意味はありません。宝石を身につけて最もきれいに見える時期を逃してしまいます。

自動車もそうです。若いときにローンで買ってドライブに行くからこそ青春を謳歌できるのであり、70歳を過ぎてからスポーツカーに乗ろうとしても、そのときにはそろそろ免許を取り上げられる年になっています。

お金が流れてくる〝水路〟を創ろう

「コバンザメ投資法」のすすめ

失敗しない投資法に「コバンザメ戦法」があります。

もし、あなたが株を買うのであれば投資の神様と呼ばれるウォーレン・バフェットが買ったのと同じ株を買ってください。アメリカでは大口株の売買は法律で公開することが定められており、だれでも知ることができます。そして、バフェットが株を手放したら、あなたもすぐに手放してください。

このような投資方法は、大きな魚のお腹に貼りついてオコボレを狙う「コバンザメ」によく似ています。もしコバンザメになると決めたら、とことんコバンザメになってください。途中から自分の判断で買う株を決めたり、売却するタイミングを考え始めると、たちまち失敗してしまうから要注意です。

なぜ、コバンザメ投資法が有効なのかというと、ウォーレン・バフェットはバークシャー・ハサウェイという投資会社を持ち、一般人には計り知れない情報と優秀な分析スタッフを抱えているからです。

もし、あなたが不動産に投資するならば、確実な利益を生み出している人が薦める物件を買うようにしてください。その人と同じタイプの不動産を買うのです。

株と同様、自分の判断だけで不動産を買う人は失敗してしまいがちです。

結果を出している投資家は、膨大な時間と労力をかけて情報を集めています。そんな専門家が選んだ不動産よりも、あなたが選んだ不動産の方が儲かるでしょうか？

論理的に考えれば、プロが推奨する不動産を買うべきなのは明らかです。

このコバンザメ戦法で気をつけて欲しいことがあります。海にいるコバンザメの中には、間違えてタンカーに貼りついてしまうものがいるそうです。サメやクジラなどに貼りつけばオコボレに預かれますが、タンカーの底にくっついてしまったコバンザメは餌が食べられずに死んでしまいます。くれぐれも、「にわかプロ」ではなく、「その道のプロ」に貼りつくようにしてください。

ビジネスパートナーを間違えない

ふたつの投資法「キャピタルゲイン」「インカムゲイン」

あなたが投資をするとき、「キャピタルゲイン」と「インカムゲイン」のふたつのお金を生み出す方法があります。

キャピタルゲインとは「何かを安く買い、それを高く売って得る収入」のことです。

インカムゲインとは「何か価値のあるものを買い、そこから定期的に得られる収入」のことです。たとえば、安いときに買った株を高くなってから売れば「キャピタルゲイン」が得られますし、その株を持ち続けて毎年の配当を受け取れば「インカムゲイン」となります。

列車にたとえると、キャピタルゲインは不定期に走る『臨時特急列車』のようなものです。本数が少なく、列車マニア以外は見落としがちですが、うまく飛び乗ることができれば目的地まで素早く到着できます。

一方、インカムゲインは時刻表に載っている『各駅停車の列車』です。スピードがゆっくりなので目的地まで時間がかかりますが、本数は多く、だれでも乗れます。

私は、日本人には「インカムゲイン投資」をお薦めします。なぜなら、キャピタルゲインには、「アタリ」と「ハズレ」があるからです。たとえば、マンションを安く買って高く売ることは、一般の人にはなかなかできません。不動産会社に比べて情報がないからです。安く見える物件でも権利が複雑で、不良債権となることもあります。

さらに、キャピタルゲインを狙う上で注意しなければならないのは、日本の不動産取り引きは税金がとても高いということです。とくに、翌年の地方税は高額になるので注意が必要です。知人のアメリカ人は、「えっ、日本って、そんなに持っていかれるの？」と驚いていました。

キャピタルゲインとは反対に、インカムゲインは「アタリ」と「ハズレ」の差がそれほど大きくありません。不動産の場合であれば、よほどひどい物件を買わなければ、それなりの家賃を得ることはだれでも可能です。**そして、家賃収入は毎月入ってくるので、そのお金を使って将来の「資金計画」が立てやすいというメリットもあります**。

インカムゲイン投資で安全・確実に儲ける

ＩＰＯできる確率は、わずか０・１％

日本において会社の栄枯盛衰はとても激しいものです。

起業して10年で30％の会社が倒産し、20年後にはおよそ50％の企業が市場から退場しています。（中小企業白書２０１１年版より）

また、政府統計によれば、新設法人は約13万社（２０１７年「全国新設法人動向」調査）。

一方、ＩＰＯ（株式上場）できた会社の数は、２０１７年、２０１８年ともに90社です。

つまり、起業しても上場できる確率は、わずか０・１％にも満たないということになります。

将来性のある会社に投資して大きく利益を得てきた投資会社でも、実際にＩＰＯできたのは３％くらいだそうです。企業の将来性を見抜いて大きく儲けるのはそれくらい難しいものなのです。

このような現実からわかるのは、株式投資でお金持ち列車に乗るのは非常に難しいということです。そこで考えていただきたいのが、不動産への投資です。

株と比較して、不動産投資のメリットはたくさんあります。

1．株は紙くずになる可能性があるが、不動産は消えることはない。

会社が倒産したり、上場廃止すると、株は紙くずになります。

2．株は下がるが、家賃は下がらない。

株は上がることもあれば下がることもあります。

しかし、賃貸不動産は入居者がいる限り家賃を一定額、毎月もらえます。

3．株はいつ変動するかわからないが、不動産は安定収入が得られる。

不動産投資は家賃や修繕費などが最初から計画できるため、1年後・5年後・10年後の利益計画が立てられます。

4．株は環境に左右されるが、不動産は環境に左右されない。

企業が倒産するのは、環境の変化に対応できなくなったときです。ところが、不動産は柔軟に対応できます。たとえ空室が出ても、家賃を5〜10％下げればほぼ満室になります。

過去、どんな不景気になったとしても賃貸物件の需要がなくなることはありません。

不動産に投資することは資産のリスク分散にもなるのです。

お金を増やすとき、リスクを冒さない

儲けさせてくれる不動産会社は3割

世の中には、「あなたを『お金持ち列車』に乗せてあげます」と言いつつ、『貧乏列車』に乗せようとする人が大勢います。彼らの常套句は「必ず儲かる」です。

でも、ちょっと待ってください。なぜ、「必ず儲かる話」をあなたにするのでしょうか？

本当に「必ず儲かる」なら自分でやればいいはずです。

最近知り合った大学教授の話ですが、彼はある不動産会社から「必ず儲かります」という電話営業に乗り、「新築の投資用ワンルームマンション」を3室購入しました。

ところが、現在は毎月の家賃収入より銀行ローンの返済額の方が大きいそうで、「住んでもいないマンションのローンを返すために働いている」と嘆いていました。

人生を豊かにするはずの不動産投資が、彼の足を引っ張っているのです。

世の中にはたくさんの不動産投資の本が出ていますが、実際にうまくいっている人は

3割くらいしかいません。しかし、それは私に言わせると、やりかたが間違っています。**私の会社のお客さまは、ほぼ全員が成功していますが、これは私自身が実際に不動産投資をしていて、そこで成功した方法をお伝えしているからです。**

私はよい不動産会社の営業マンは「コンサルタント」だと思っています。

たとえば、物件が古いならばリフォームを提案し、高い家賃が得られるようにします。住居ではなく、店舗用途で賃貸に出すことで家賃を高くすることも可能です。

学生街であれば、カフェに改造して賃料を高く設定します。

外国人用のシェアハウスにして、予約でいっぱいに埋めることもできます。

このように、不動産の価値を最大限に発揮する方法はいくらでもあります。

その可能性を見抜いてこそ、不動産のプロと呼べるでしょう。

お客さまの人生設計を聞き出し、どのように不動産物件を活用していくのか、不動産の「将来価値」まで計算するのも当然のことです。不動産投資を通じて幸せになっていただくことこそ、不動産販売に関わる者の使命だと思います。

「必ず儲かる」は相手が儲かるだけ

「時の利」「地の利」「人の利」で儲ける

私は不動産で儲けるためには、3つの条件が揃っている必要があると思っています。その条件とは、「時の利」「地の利」「人の利」です。

そして、この3つの利が揃っているのが「北海道の不動産」なのです。

まず、「時の利」です。今、北海道は世界的な観光ブームで注目されていますが、まだまだ不動産は割安です。つまり、利用価値が高まっているのに価格が低いのです。

たとえば、首都圏では不動産投資の利回りは5％前後であることが珍しくありません。これは土地の値段が高くなりすぎているためです。

首都圏の不動産投資は人口が多いという安心感はあるかもしれませんが、もはや利回りが低すぎてよい投資とは言えないのです。

一方、北海道では利回りが10％を超えることが珍しくありません。よく探せば15％を超える高利回り物件を買うこともできます。土地代が安いため投資額も抑えられ、投資したお金を効率よく増やすことができるのです。

次に、「地の利」です。あまり知られていないことですが、北海道には大小合わせて44もの金融機関があります（原稿執筆時点）。不動産投資において条件のよい融資は欠かせませんが、北海道は多数の金融機関があるために競争が激しく、日本の他のエリアに比べて融資環境はとても恵まれています。

最後に「人の利」ですが、北海道は不動産投資家の数が首都圏に比べると少ないのです。優良物件は競争相手が増えるほど買うのは難しくなります。その点、ライバルが少ない北海道では、よい物件を購入できるチャンスがはるかに多いのです。

不動産投資家が少ないということは、不動産会社や金融機関との関係も作りやすいということになります。都内は投資家がたくさんいるので不動産会社もいちいち相手にしてくれませんが、北海道なら親身になって対応してくれるのです。

ビジネスも「時の利」「地の利」「人の利」で成功する

「月1万円」の返済で「月13万円」の不労所得

「10年前から始めていればよかった！」

これは私が紹介した不動産を買ってくださったお客様からよく聞く言葉です。

北海道の不動産投資でどのくらいお金が入ってくるのか実例をご紹介しましょう。

【所在地】釧路市　【部屋数】ファミリー6世帯

【土地面積】170坪（駐車場6台付き）　【築年】2005年（平成7年）

【価格】1500万円　【表面利回り】17％

この中古アパート購入に必要な資金1500万円は全額、金融機関（公庫）からの借り入れでまかなうことができました。購入したお客さまは首都圏にお住まいの方で、たまたま池袋に小さなマンションを一部屋持っていたため、それを担保とすることで頭金はゼロとなりました。

この物件は紹介当時から現在まで満室で、毎月21万円の家賃収入があります。

購入時に借りた1500万円は15年間の均等払いのため、毎年100万円の返済になります。年間の家賃約250万円から元金返済100万円を引くと利益は約150万円ですから、毎月13万円ほどがお客さまに入ることになります。

金融機関から借りたお金の金利は約1％なので、返済利子は毎月1万円ほどです。

つまり、このお客さまは毎月1万円の金利を銀行に支払うことで、毎月13万円の不労所得が入ってくる仕組みを作ることができたのです。

不動産投資は加速度的にお金が増えていく倍々ゲームです。投資から回収までの期間をできるだけ短くするためにも、投資は一年でも早く始めたほうがよいのです。

また、日本ほどサラリーマンにお金を貸してくれる国はありません。名の通った企業の社員であれば、ローンで1億円を借りることもできます。

もしあなたがサラリーマンなら、レバレッジを利かせる上で非常に有利な立場にいるわけですから、そのメリットを活用しなければ損です。

会社の信用価値を利用する

「テコの原理」でお金を10倍に増やす

「レバレッジを利かす」という言葉があります。どんなに重い物体でも丈夫な棒とそれを支える台(＝支点)があれば、わずかな力で動かせるという「テコの原理」です。

お金の世界の「レバレッジ」とは、少ない資金しか持っていない人がお金を借り、大きな資金で運用することを指します。

あなたが100万円を元手にビジネスを始めて、100万円を稼ぐことはかなり難しいでしょう。しかし、1億円を借りてきて、それを元手に100万円稼ぐことはとても簡単です。このように大きな資金を使えば大きなお金が稼げる。これがお金の世界のレバレッジです。

あなたが株やFX、ビットコインを買うのに銀行はお金を貸してくれるでしょうか？残念ながら新規ビジネスや無形の投資には非常に厳しい審査があり、お金を貸してくれる金融機関は存在しないでしょう。

日本の銀行がお金を貸してくれるのは、「不動産投資」だけです。不動産のみを「確実な資産」として認めているのです。

すなわち、「投資でテコの原理を使える」のは不動産投資だけといえます。

土地や不動産は法律上、「有体物」と呼ばれます。英語では「リアルエステート」、直訳すると「現実にあるもの」という意味です。株やFX、ビットコインとは異なり、目の前にあって決して消えないのが不動産です。そんな土地に対する信用は絶大で、銀行もあなたの価値ではなく、土地の価値に対してお金を貸してくれます。

私は、現在あなたが持っている株式・投資信託・仮想通貨などの「目に見えない資産」を、少しずつ「リアルエステート」に変えていくことをお勧めします。

土地・不動産という有体物は担保となり、さらに金融機関からお金を借りることができますから、それを使ってさらに資産を増やすことができます。

お金持ちは、このようにレバレッジを利かしてお金持ち列車に乗っているのです。

お金はレバレッジを利かせて増やす

時々立ち止まって、お金を増やす目的を考える

「ガン」は遺伝子異常を起こした細胞が無限に増殖し、人の命を奪う病気です。**これと同じように投資家も「ガン細胞」にならないよう、気をつけなければなりません。**「無限にお金を増やすこと」だけが目的になったとき、投資家はただの守銭奴となり、社会に害悪をもたらす存在になってしまうからです。

なぜ、「お金を増やすこと」だけを目的にしてはいけないのでしょうか？

お金そのものはさまざまな商品に交換したり、貯めておくための媒体であり、別に罪はありません。しかし、お金を増やすことだけが目的となった人は手段を問わなくなります。「犯罪や脱法で儲けようとする」など倫理観が麻痺して、大勢の人を不幸にしても平気になってしまいます。

だからこそ、お金を増やす目的を、ときどき立ち止まって考えてほしいのです。

私は資産が50億円を超えたとき、これを100億円、1000億円と増やしていく目的は何なのか改めて考えました。**私は、増やしたお金を、日本中の人に「お金のリテラシー」を伝え、より多くの人を幸せにするために使おうと考えたのです。**

「お金のリテラシーを高める教育者になる」という目標を達成するには、莫大なお金が必要です。子どもたちにお金の教育をするため、義務教育も変えたいと思っていますから、政治的な影響力も必要でしょう。

お金のリテラシーを高める

マーベル・シリーズとして大人気のハリウッド映画に、『アイアンマン』という作品があります。主人公のトニー・スタークは武器製造会社の社長で、知らぬ間に会社が武器をテロ組織に横流ししていました。しかし、誘拐された先で自分の会社の武器が使われ、多くの貧しい難民が殺されているのを見て、心を改めます。

そして、今度は自分が作ったスーツを平和のために使い始めます。このエピソードと同じく、**お金もエネルギーであり、扱い方次第で善にも悪にもなるのです。**

5両目

「生き金」「死に金」どっちに使う？

～お金の使い方～

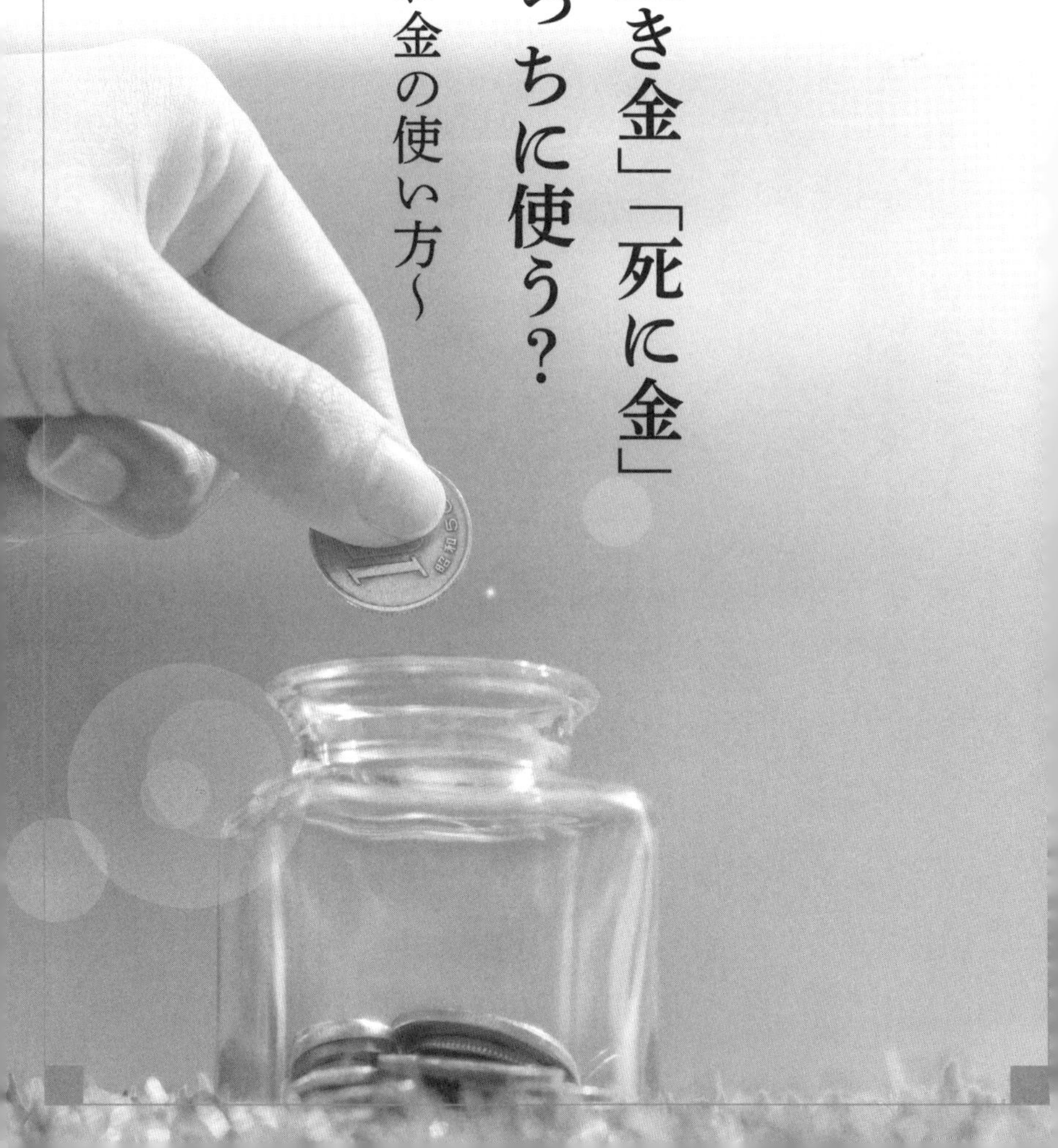

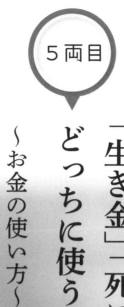

「死に金」「暮らし金」「生き金」

世の中のお金の使い方は「浪費」「消費」「投資」の3種類、とよく言われます。**私はこれをもっとわかりやすく、「浪費」を「死に金」、「消費」を「暮らし金」、「投資」を「生き金」と呼んでいます。**

浪費したお金は後に何も残さず消えてしまう、つまり死んでしまうようなものなので「死に金」。衣食住など、暮らしていくために消費しなければならないお金は「暮らし金」。投資によって、まるで生き物のように大きく成長するお金は「生き金」というわけです。

この3つの違いがわからないために、お金を眠らせている人がたくさんいます。とくに、日本人はお金を抱え込み、「浪費」も「消費」も「投資」も、すべて一緒にしてひたすら節約しようとするのです。

お金持ち列車に乗る人は、この3つの違いをはっきりと知っています。そして、「投資」にお金を使うことで、資産を増やします。

もうひとつ、「浪費」「消費」「投資」には、適切な比率があります。

たとえば、あなたの財布に10万円が入っていたとします。今までこの10万円を「死に金」「暮らし金」「生き金」にどのような割合で使っていたか、計算してみてください。ほとんどの人は、だいたい3：7：0なのではないでしょうか。

私のオススメは「死に金」「暮らし金」「生き金」を1：6：3にすることです。これはお金持ち列車に乗るための黄金律です。

死に金(＝浪費)をまったくゼロにすると、人生はつまらなくなります。また、暮らし金(＝消費)を削り過ぎると、健康を壊してしまいかねません。そして、いきなり生き金(＝投資)を3にするのは難しいので、まずは1を目指し、それができたら2に近づけ、最終的に3を目指すのがよいでしょう。

この黄金率で3年くらい生活すると、お金に対しての感覚がガラッと変わります。

お金の使い方は1：6：3の黄金率

お金の「防衛力」と「戦闘力」を高める

あなたは家計簿をつけたことがありますか？

家計簿の目的は生活費を削るためではありません。

「生き金」を見つけるために必要なのです。

家計簿のメリットは、まず、あなたが使ったお金を「死に金」「生き金」「暮らし金」に分類できることです。とくに、「死に金」の洗い出しはとても大切です。

次に、お金に対する防衛意識を高められることです。削れないと思っていた生活費の中にも、実は無駄な保険料や通信費などが潜んでいます。毎月かかっていた不要な経費をカットすれば、今後は生き金として使えるでしょう。

さらに、「生き金」を投資として活用することによって、未来設計図が描けます。

お金が増えるとやりたいことの幅が広がるので、人生も楽しくなります。

「死に金」と「生き金」の見わけ方をお伝えしておきましょう。

その基準はただひとつ、「愛がないお金の使い方はすべて死に金」です。

ここでいう「愛」とは「心のときめき」のことです。あなたはお金を使うときに、ワクワクしていますか？　もしそうなら、それはあなたにとって「生き金」です。

トキメキのないお金の使い方はすべて無駄金です。たとえば、行きたくもないクラブで数万円使ってしまったとか、フェラーリなどの高級車を周囲に対する見栄で買ったなら、それは「死に金」といえるでしょう。

ワクワクする「生き金」を使おう

私は、過去に「生き金」受け取った経験があります。

それは、母が支払ってくれた学習塾に通うための費用です。

私は母子家庭で育てられたのですが、母は昼、事務員として働き、夜はスナックで働いていました。そして、そこで稼いだお金を私の塾代に使ってくれたのです。

私に投資してくれたお金は、今、大きな生き金になったと思います。

投資してくれた何百倍ものお金を返すことができたからです。

お金は天下の回りもの

国の経済にとって、お金は〝血液〟と同じです。血液が生物の身体を巡るように、お金も天下の隅々まで、スムーズにまわらなければなりません。

もし、その流れが止まると、会社だけでなく日本という国が死んでしまいます。

現在、日本は超低金利の時代です。どれくらい低金利かというと「マイナス金利」なのです。

銀行にお金を預けると「減る」のです。

しかし、こんな状態でも日本ではスムーズにお金が流れていません。

お金を借りて新たに投資しようという、「借り手」が圧倒的に足りないからです。

さらに、地方銀行が合併を繰り返して支店を減らしたため、地方に十分なお金が回らなくなりました。高齢化が進んでいる地域ではＡＴＭすらなくなってきています。


お金はどんどん回ることで、関わる人々を潤していきます。

ひとつのところに溜まったままのお金はだれの役にも立ちません。

たとえば、不動産投資で、お金の流れを見てみましょう。まず、不動産投資家が銀行からお金を借り、マンションを購入します。すると、そこに人が住めるようになります。そして、住人は働いて得たお金を家賃として支払います。不動産投資家はそのお金をマンションの管理会社や修繕会社、銀行へのローン返済に使った上で、余ったお金（＝利益）を、また、別のビジネスに投資します。

このように投資をする人が増えることによって、タンスの中にしまいっぱなしだったお金はグルグルと世の中を回り始め、関わる人たちを豊かにしてくれるのです。

「働かずにお金を稼ぐのは悪いことだ」という考えの人がいますが、それは、お金を増やすプロセスを知らない人の言うことです。不動産投資もお金を循環させており、立派に社会の役に立っています。**つまり、投資をすることは日本経済を活性化させ、関わる人を幸せにする素晴らしい活動なのです。**

ぜひ、堂々と投資に取り組み、お金持ち列車に乗り込んでください。

お金を循環させよう

タクシー会社は保険に入らない

トラックやタクシーなどを使っている運輸会社の多くが、実は「保険に入っていない」ことを知っていますか？

ここでいう「保険」とはテレビで盛んにコマーシャルをしている「任意加入の自動車保険」です。たとえば、トラックを１６００台保有している運送会社の場合、もし保険に加入するなら必要な保険料は年間６億８０００万円と試算されました。

一方、この会社で実際に対人・対物の事故賠償で使われた金額は、年間1億６０００万円だったのです。つまり、保険料を支払わず単純に積み立てておき、事故の際にはそこからお金を払うようにすると、なんと年間5億円も節約できるのです（柳原三佳著『自動車保険の落とし穴』朝日新書）。

ですから、多くの運送会社は自動車保険に入りません。わざわざ高い保険に加入しなくても、お金を積み立てていれば事故が起きてもはるかに安くつくからです。

同じように、あなたが住宅ローンを組んで家を買ったとすると、生命保険に入る必要はありません。住宅ローンを組む際は自動的に、「亡くなった時点で住宅ローンが完済される」という特殊な生命保険に加入させられます。

つまり、あなたに万一のことがあれば数千万円の価値がある不動産が家族に残されるわけですから、無理に高いお金を払って別の生命保険に入る必要は無いのです。

家のローンを払い終わった後も、生命保険に入る必要はありません。残された家族にお金が必要なら、その家を売却すればいいからです。

とにかく、日本人は保険が大好きです。生命保険から医療保険、最近は年金保険や収入保証保険といったものまで毎日のようにテレビCMが流れています。その結果、日本人のおよそ80％が生命保険に加入しているという状況になりました。

海外の生命保険の加入率は、アメリカで約50％、イギリスは約30％、ドイツは約40％といいますから、日本の加入率がいかに高いか、言うまでもありません。

無駄な出費を見直す

なぜ女性は「株」より「金」が好きなのか？

私の知り合いに不動産をたくさん持っている50代の独身男性がいて、彼は毎週、「合コン」に参加しています。身なりはいつもジーパンにTシャツ、ちょっとシワの寄ったジャケットを着ていて、一見すると貧乏そうに見えます。

自己紹介のとき、こう言います。「僕は無職で5年くらい仕事をしていません」

すると、女性は全員ドン引きします。「ただ、マンションをいくつか持っているので、何もしなくても年間1億円くらい入ってきます」と言ったとたん、彼の周りにはお酒を注ぐ女性の列ができます。**このように、人の「信用」はお金で大きく左右されます**。

不動産の世界も同じです。不動産投資をするには銀行からの融資が欠かせませんが、銀行は必ずその人の信用をチェックします。**チェック項目はその人がどれくらいの資産を持っているか、毎年どれくらいのお金を稼いでいるか、といった内容です**。

そこで私は、銀行からの信用を勝ち取るために、ある方法を使っています。

その方法とは、「融資を受けたい銀行に積立預金をすること」です。

これは、菅井敏之著『お金が貯まるのは、どっち!?』（アスコム）にも書いてある方法ですが、非常に効果的です。

私は実際に、20以上の金融機関で積立預金を行なっています。ここでのポイントは、一気にまとまったお金を預金せず、毎月コツコツと積み立てる積立預金にする点です。

金融機関は、定期的にお金が振り込まれる継続性・安定性を重視するからです。

三田紀房氏の『インベスターZ』（講談社）という投資をテーマにした漫画に、「投資の世界で女性にモテるには？」というエピソードがあります。「株をやっている」と言うと敬遠され、「金投資をやっていて金の実物を持っている」と言うと女性は魅力を感じるそうです。

女性は男性よりも現実的な生き物ですから、実態のある財産を好むのです。

昔から利害関係に敏感な人のことを「現金な人」と言いますが、「現金な女性」はやはり「現実の金」が大好きなのですね。

「信用」は積み立てることができる

たった150円のペイフォワード

日本には寄付をする文化が希薄ですが、欧米では親子で募金活動をするなど寄付文化が浸透しています。**かつて日本にも、「喜捨」という文化がありました。**これはもともと仏教用語で、貧しい人に施すことで徳を積み、極楽浄土に行くための修行の一環でした。日本人のＤＮＡにも、しっかり寄付の文化は根付いているのです。

本当のお金持ちは、反射的に寄付をします。習慣と言っていいかもしれません。なぜなら、「お金持ちマインド」には、「自分は満たされている」という感覚が欠かせません。「寄付」という行為はそれを実感させてくれるのです。

寄付の素晴らしい点は、見えない人を助けていることです。知っている人を助けるのは当たり前ですが、見ず知らずの人を助ける行為は、人として尊いと私は思います。

寄付は、お金を稼ぐ目的になることもあります。というのは、年収５０００万円〜

1億円くらいになると、個人や家族レベルの欲望は満たされてしまい、それ以上稼ぐ気力が失われるからです。ほとんどの人が「小金持ち」で終わる理由がこれです。

ところが、「寄付」を新たな目的にすると、社会をよくするためのお金はいくらでも必要ですから、お金を稼ぐモチベーションを維持することができます。

私もさまざまな寄付をしていますが、いちばんモチベーションに繋がっているのは故郷への恩返しです。さくらんぼ狩りやバーベキューなどを町の人たちと一緒にやることで、参加する皆さんの笑顔を見るのが私の喜びです。

私の知り合いはタクシーに乗ると、降りるときに必ず「これで暖かいもの（冷たいもの）でも飲んでください」と言って、運転手さんに150円を渡します。すると、運転手さんはとても喜び、「忘れ物がありませんように」と声をかけてくれます。

おそらく、次のお客さんを乗せたときも、にこやかに応対することでしょう。笑顔で応対された次の乗客は気分がよくなりますから、またたれかに対して親切にするかもしれません。**わずか150円のお金でも、幸せの輪はどんどん広がっていくのです。**

お金を稼ぐモチベーションを見つけよう

人への投資がいちばんリターンが大きい

アメリカの鉄鋼王と呼ばれたアンドリュー・カーネギーの墓石には、「自分より優れた人を周りに集める方法を知る者、ここに眠る」と刻まれています。また自動車王のヘンリー・フォードも、優れた人材をスタッフとして集めていたことで有名です。世界のホンダを作り上げた本田宗一郎も優秀な人材を集め、人に投資することの大切さを語っています。

私は、社員に投資することがビジネスで成功する極意だと思っています。

なぜなら、社員に投資すれば、社員が成長すれば、会社に莫大なリターンをもたらしてくれるからです。

さて、人に投資すると言っても、ただ給料を高く払えばいいわけではありません。

本人のやる気が最も大事です。たとえば、高校時代に習った数学の微分・積分や生物の授業、世界史の年表など押し付けられた内容は、残念ながら、ほとんど学校を卒業すると同時に忘れてしまいます。つまり、自分で代価を払って自主的に学ぼうとしない限り、知識や技術は身につかないのです。

同じような例は、ハローワークでも見られます。ハローワークでは職を求めている人に無料で職業訓練をしてくれますが、無料で講義を受けている人の多くは居眠りしているそうです。**私たちはタダで教育を受けても真剣になれない生き物なのです。自腹で自分に投資しないと成長できないのです。**

日本の大学では、講義の出欠確認で友人に代理で返事を頼む「代返」という習慣が見られます。このような行為が平気で横行するのは、大学の授業料を親が払っているからではないでしょうか。学生は自分でお金を払っていないから、真剣に学ぶ気持ちになれないのです。

一方、アメリカの学生の多くは、自分で借金を背負ってまで学費を払っています。もしも教授が講義を休もうものなら、払った学費分の講義をしてくれるよう猛烈に抗議するそうです。**これほど真剣さが違えば、身につく内容や本人の成長にも大きく差が出るのは当然ではないでしょうか。**

自分を成長させるために身銭を切ろう

「エンジェル投資家」という生き方

1978年、アメリカ・ニューハンプシャー大学のウィリアム・ウェッツエル教授は、「ベンチャー企業を支援する個人投資家」のことを「angel investor」と名付けました。これが「エンジェル投資家」という名前の由来です。そんなエンジェルは、日本にはおよそ800人しかいないのに対し、アメリカには26万8000人もいます。（2015年・野村総研報告書より）

アメリカには、このエンジェル投資家の成功事例が数多くあります。

たとえば、スタンフォード大学のエンジェル投資第1号といわれるヒューレット・パッカード社は、かつて世界第2位の規模を誇るコンピューターメーカーでした。

元々は同大学のフレデリック・ターマン教授が2人の学生に投資し、彼らの自宅のガレージでスタートした会社なのです。その後もスタンフォード大学からエンジェル投資によって生まれた企業は「グーグル」「インテル」「ヤフー」など数え切れません。

独立開業でみても、東京大学とは比較になりません。

アメリカでは、小さな会社、ユニークな会社はエンジェル投資家の資金を得て、ビジネスで成功しやすくなっています。それこそ、「鼻歌をネットで検索し、元の楽曲を見つけるアプリ」を作った会社が100億円以上の出資を集めているほどです。

私もエンジェル投資家として投資先を探しています。しかし、残念ながら今の日本には、大学生がどんな知恵や情熱を持っていても、お金を出す人はほとんどいません。**私は日本にも大勢のエンジェル投資家が登場し、積極的にベンチャー企業を育成してほしいと願っています。**

日本人の貯蓄率は世界一です。そして、多くの日本人は死ぬときが「最高残高」です。逆に、ラテン系諸国の人は最低の残高で亡くなります。

せっかく貯めたお金を使わずに死ぬ人生と、後進のためにすべて使い切って死ぬ人生……どちらが幸せだと思いますか？

挑戦する若者を応援しよう

「夢を買う」と複数の人生を送れる

投資家は、夢にチャレンジしている若者を応援します。

若き日のスティーブ・ジョブズを応援し、資金援助したのはインテルの社員であるマイク・マークラでした。

私も、日本の未来を創っていく若者に投資したいと思っています。

「夢」に先行投資する「投資家」は、他の人の人生も生きられます。

「他人の夢の実現」が「自分の夢の実現」と同じになります。

そのために援助も協力もアドバイスもします。

応援したい人たちのために生きることで、いくつもの違った人生を送れるのです。

そして、成功した投資家には、もれなく大きなリターンがあります。

それが、お金持ち列車の乗車券なのです。

私は、本物の投資家とは、「夢」に対してお金を払う人のことだと思っています。

たとえば、孫正義氏は社会のインフラを作るものだけに投資し、それ以外にはお金を使いません。つまり、彼は、これからの未来を作るものに投資しているのです。

「一時的な流行には手を出さない」というポリシーがあるからこそ、ソフトバンクは日本のトップ企業でいられるのです。

投資対象をエネルギー産業で考えれば、ガソリンは20年～30年後には財産価値が無くなるでしょう。また太陽光発電など、自然エネルギーから家庭で電気が作れる時代になれば、電気（＝電力会社）の価値も減っていくでしょう。ビル・ゲイツは再生可能エネルギーに5年間で2500億円もの金額を投資すると発表しました。

応援したい「未来」を見つけよう

私は、投資家として土地に投資をしています。その理由は、土地は人々が暮らしていく場所を提供するという価値が100年後も200年後も変わらないからです。

世代は変わり、建築物が変わっても、私たちが生きていく場所は変わらないのです。

「富の泉」は与えるほど湧き出す

速読法として有名なフォト・リーディングのインストラクターである玉川一郎さんが書いた本に、『マインドリッチ』（講談社）があります。

そこには、「人生を変える新しい価値観」として、「富の泉」が挙げられています。

・マインドリッチとは、心が満たされた状態。
・お金に縛られることがない、満足度の高い人生。
・自分のことが大好きで、人の価値観を気にしない生き方。

私たちの身体の中には「富の泉」があります。それは、どれだけ汲んでも尽きることがなく、わけ与えればわけ与えるほど、こんこんと水が湧き出す泉です。

逆に、自分だけで泉を独占し、その入口を塞いでしまうと水は腐ってしまいます。

私が考える「お金持ちマインド」も、これによく似ています。たくさんの人に富の泉の水をわけ与えることで、心が満たされます。多くの人に感謝され、その感謝の輪が広がり、世の中がよくなることで人生の満足度も高まります。

「富の泉」は「人を喜ばせたい」という思いが溢れたものです。たとえば、長崎のハウステンボスは旅行会社ＨＩＳの澤田秀雄さんが社長に就任してから、オリジナルイベントで集客に成功しました。全国からガーデニング職人を集めて日本一を競ったり、イルミネーションも日本一の規模で展開しています。

お金がなくても敷地が小さくても日本一を目指し、来た人を喜ばせようとしているから、年間３００万人近い人が集まり、赤字施設から黒字施設に蘇ったのです。

お金持ち列車に乗ろうとするなら、自分のためにお金を使うことで幸福感を得ているようでは、まだまだです。「消費＝幸せ」というのは、「貧乏マインド」です。

「お金持ちマインド」はだれかを喜ばせたいと思う感性です。

このようなマインドが当たり前になるとビジネスでも成功し、よりたくさんのお金が入ってくるのです。

「富の泉」をわけ与えよう

6両目

「列車強盗」がやってきたらどうするか？

～お金の守り方～

ときどき、せっかく乗ったお金持ち列車から転落する人がいます。

それは、「消費欲求」に負けた乗客です。お金持ち列車の居心地があまりにもよいために際限なくお金を使い、一文無しになってしまうのです。

プライベートジェットや大型クルーザー、フェラーリなどを買いまくり、事業が傾いても派手な生活がやめられずに破産する、経営者に多いパターンです。


お金持ち列車に乗ると、だれでも「消費欲求」が自然に芽生えてきます。

我慢していたものが買えるようになれば、お金を使いたくなるのは当然です。

では、この「消費欲求」と、どう付き合えばいいのでしょうか？

私の経験から言って、「消費欲求との戦い」に勝ち続けることはできません。

渋沢栄一は「無欲は怠慢の基である」という名言を残していますが、欲求そのものを否定するのは美徳ではなく、ただ人を怠け者にするだけです。欲求と戦おうとせずに、適度に発散させるのがオススメです。そして、使った以上に稼げばいいのです。

お酒でもゴルフでも、適度に自分の欲望を満たしてあげる方法を見つけましょう。

ちなみに、「一切の消費欲求を押さえつければ最速でお金持ち列車に乗れるはず」と考える人もいますが、それはやめてください。なぜなら、消費欲求を満たさないでいると、そのストレスが変なところで爆発するからです。経営者が犯罪に走ったり、問題を起こしでもしたら、会社や家族に大きな迷惑がかかります。

「自分にしかできないこと」にお金を使う

将来、あなたが自由にお金を使えるときが来たら、周囲への見栄やストレス解消ではなく、「自分の価値観を表現する」ために惜しみなく使ってみましょう。

その代表例は、ゾゾタウンの前澤友作社長です。自分一人で宇宙に行くというバブリーな使い方ではなく、自分の友だちや芸術家を宇宙に連れて行くというのは、とても夢のある話です。「**あなたが心から意義を感じること**」**にお金を使うことは、もっとも贅沢なお金の使い方でしょう。**

「お金の魔力」があなたを滅ぼす

ある田舎に、兄が牧師で弟は敬虔なクリスチャンという、仲のよい兄弟がいました。彼らは普段から隣人への愛を説き、熱心に布教活動をしていました。

また2人は協力して、年老いた母親の面倒も見ていました。

ところがあるとき、家の近くにリニアモーターカーが走ることになりました。今まで休耕田だった土地に、いきなり3億円の値段がついたのです。するとふたりは、まだ母親が生きているというのに土地を巡って激しく争い始めました。結局、ふたりはお互いの顔を見るのも嫌になり、母親の世話も手を抜くようになったのです。

大金が入ってきたことによって、この兄弟はお金持ち列車に乗り込めたわけですが、その結末は家族がバラバラになる不幸なものでした。なぜ、そうなってしまったのか？

ふたりは突然の大金を受け入れる「お金の器」を持っていなかったからです。

このような事態に陥らないようにするためには、「感情面での成長」が不可欠です。お金との付き合い方を学ぶ必要があったのです。その学習がないまま、いきなり大金を手に入れると、「お金の魔力」によっていちばん大切なものを見失ってしまいます。

同じような例が宝クジの高額当選でしょう。鈴木信行著『宝くじで1億円当たった人の末路』（日経BP社）という本が話題になりましたが、宝クジの高額当選者のほとんどは悲惨なものです。一家離散や破産してホームレスに転落といった事例がたくさんあります。

遺産相続や保険金を受け取った場合も、3分の2の人が10年以内にその財産をすべて失ってしまうそうです。

そうならないためには、日頃から大金を受け入れる「お金の器」を大きくしておかなければなりません。「治に居て乱を忘れず」という諺があります。「平和なときにも戦いを忘れてはならない」という意味です。

これを「お金の器」に翻訳すれば「貧にあって富を忘れず」となります。今どんなに貧しくても、普段からお金を受け入れる心の器を大きくしていく自覚が必要なのです。

普段から「お金の器」を大きくしておく

「飲む・打つ・買う」の人は列車に乗れない

人生を破滅させる「三大誘惑」は、昔から「飲む・打つ・買う」です。

事実、たくさんの男たちが「お酒・ギャンブル・女性」で財産を失ってきました。「稼ぐのは10年。使うのは1日」と言われるギャンブルの本場ラスベガスの自殺率は、全米平均を50ポイントも上回るといわれています。一文無しになった人が窓から飛び降りるのを防ぐために、ラスベガスのホテルは窓が開かないそうです。

日本ではパチンコが最もお金の落ちるギャンブルで、売り上げは17兆円にもなります。日本の防衛予算は5兆円で、なんと国を守る予算の3倍以上のお金が娯楽のために使われているのです。博打の怖さは、負ければ負けるほど「次は取り返すぞ！」という脳内ドーパミンが出て、現実世界に帰れなくなることです。

そして、借金や破産や離婚が待っているのです。

お酒についても上を見ればキリがなく、海外のオークションでは1本5000万円のワインが落札されたこともありました。銀座のクラブのホステスさんは、一晩でサラリーマンの年収分を稼ぐ方もたくさんいます。

女性やお酒に注ぎ込めばどれほどお金がかかるか、よくわかると思います。**稼いだお金をすべて博打やお酒、女性に注ぎ込んでしまったら、お金持ち列車に乗ることは困難です**。もちろん、きれいな女性のいるお店にお酒を飲みに行くことが、身の丈にあった範囲ならば問題ありません。**むしろ、そこで情報を得たり、人脈を作ったり、仕事のモチベーションにプラスに働くなら、「投資」と考えてもいいでしょう。**

しかし、それが度を越していたら、やはり「浪費」になってしまいます。

ちなみに、私も「飲む・打つ・買う」をやっています。ただ、私の「飲む」はお客さんとワインを「飲む」こと。「打つ」は、経営者仲間と一緒にゴルフのボールを「打つ」こと。そして「買う」は、女性ではなく土地を「買う」ことです。

「三大誘惑」は身の丈にあったレベルで

「お金を貸して」と言われたら？

福祉活動で有名な日本財団の創設者であり、「世界は一家、人類みな兄弟」というメッセージを残した故・笹川良一氏を大叔父に持つ笹川能孝氏のエピソードです。

小学校に入る前、能孝氏は友だちを自宅に呼び、取っ組み合いをしたり、大声を出して楽しく遊んでいたそうです。友だちが帰った後、能孝氏は怖い顔をした父親に呼び出され、書斎でこんな話をされました。

「お前が大きくなったら、今、来ていた友だちの何人かはおまえに金を借りに来るだろう。しかし、決して金を貸してはいけない。そういう人とは縁を切りなさい」

はたして父親の予言どおり、成人してからそのときの友人が何人もお金を借りに来ました。笹川氏は父親の教えどおり、その友人たちとの縁を切ったそうです。

私自身の経験でも、お金の貸し借りは、必ず人間関係を壊してしまいます。なぜなら、お金を貸したとたんに、悪いエネルギーが流れてしまうからです。

本来、お金には商品やサービスの対価として、「ありがとう」とか「嬉しい」というプラスの感情がこめられます。そのように受け渡されたお金はスムーズに流れ、関わる人を幸せにしていきます。しかし、貸し借りに使われたお金には、「苦しさ」や「不安」のマイナスエネルギーが宿るのです。

友情を壊したくなかったら、お金は貸さない

累計100万部以上売れている自由国民社の『1分でよくなる』シリーズの中に、石野みどり著『心は1分で軽くなる！』(自由国民社)があります。その本の中に友情を壊さずにすむ面白い解決方法があったので、ご紹介しましょう。

石野さんは、もし友人にお金を貸して欲しいと頼まれたら、「全財産」を相手に渡すそうです。この全財産とは、「そのとき財布に入っているお金全部」のことです。

財布の中には一般的に、「年齢×1000円」の現金が入っているそうです。ですから、20歳の人は2万円、40歳の人は4万円を相手にあげればいいことになります。

これは返ってくることを期待しなくてもいい金額でしょう。

政治家もヤクザも騙す詐欺の手口

「ハマコー」の愛称で有名だった政治家の浜田幸一氏は、生前に何十億円もの資産を築いていました。しかし、晩年には、すべて失ってしまったそうです。

浜田氏は相撲を通じて知り合った人物から、「モンゴルの金鉱山開発会社に10億円を投資すれば100億円になる」と言われ、全財産をその会社につぎ込みました。

しかし、得られたのは土地の「所有権」ではなく、「採掘権」だけでした。その後も「採掘ポイントの探査に数億円が必要」などと言われお金を払い続けました。

このように、詐欺師は政治家だろうとヤクザの親分だろうとだれでも騙します。

政治家もヤクザの親分も、まさか自分を騙す奴がいるはずはないと思っているので、意外と簡単に騙されるのです。

「怪しい儲け話」はこんなキーワードで勧誘してきますから、営業マンの説明やパンフレットに該当するものがあれば用心してください。

「必ず儲かります」「だれでも簡単にできます」「チャンスは今だけです」「元本は保証されます」「節税になります」「老後の年金になります」「騙されたつもりで」

どんなに用心していても、詐欺師はあの手この手で警戒心を解こうとします。

たとえば、「ネットワークビジネス」の典型的な謳い文句は、「これはネットワークビジネスではありません」というものです。堂々と本質的な部分を否定されると、なぜか人は警戒心を解いてしまいがちです。

夜9時過ぎに飛び込み営業をする営業マンが、「こんな時間に訪問するなんて怪しいですよね」と言うと、怪しんでいる人ほど相手の指摘を否定する意識が働きます。

やたらとパンフレットやホームページが豪華な場合は、「怪しい儲け話」の可能性があるので注意してください。「こんな立派なパンフレットやホームページがあるのだから大丈夫だろう」と錯覚させるために、詐欺師はお金を注ぎ込みます。

まさに、『地獄行き列車』の外見は、ピカピカの金メッキで輝いているのです。

「騙されたつもりで」という人に注意する

怪しい人は「臭い」でわかる

「お金持ち」は下手な詐欺師には騙されません。なぜなら、怪しい人が発する「臭い」に一瞬で気づくからです。

お金持ちは普段から一流の人たちと会話し、一流の環境で過ごし、一流のものを食べています。そこに詐欺師が高級ブランドのスーツを着て、一点だけ豪華なロレックスの金時計をつけて現れると、違和感を覚えるのです。

「怪しい人」には3つの特徴があります。

1．他人の権威を借りる……自分の実力ではなく「他人の権威」を見せびらかします。「総理大臣と酒を飲んだことがある」などと自慢します。他にも「上場企業の社長とゴルフ友だち」とか、「大物演歌歌手に可愛がられている」といった表現をよく使います。

2．儲かった話をする……詐欺師はあなたの「お金を儲けたい」という欲望をくすぐるために、とにかく大げさな話をします。「未公開株を買って100万円を10億円にした」といっ

た話がポンポン出てきます。

3．生活が派手……**高級外車を乗り回していたり、ゴルフの名門クラブの会員権を持っていたり、ブランドものの派手な服を着ていたり、タワーマンションに住んでいたりします。これらはすべて、騙す相手を信用させるための小道具です。**

「ニセ仮想通貨」の詐欺にあった人たちが、「高利回り・安心・安全」という宣伝に乗せられてしまったのは、「うまい儲け話」に乗りたい気持ちがあったからです。

結局、怪しい人を引き寄せるのはあなた自身の欲望です。

楽して儲けたいと思うと、あなたのお金を奪いに大勢の詐欺師が近寄ってきます。

逆に、自分がしっかりしていれば、怪しい人は近寄って来ません。

詐欺師はあなたの欲を映す鏡のようなものです。

「類は友を呼ぶ」ということわざ通り、あなた自身が詐欺師を呼び寄せているのです。

欲を出すとすべてを失う

お金持ちが「儲かっている」と言わない理由

世界的に有名なビジネスコンサルタントのロジャー・ハミルトンが作った『ウェルス・ダイナミクス（富の力学）』という教育プログラムがあります。

そこでは「成功する人」を人間の性格に合わせて、8つのタイプに分類しています。

クリエイター、スター、サポーター、ディールメーカー、トレーダー、アキュムレーター、ロード、メカニックです。

このうち「ロード」は、英語で「領主」や「支配者」という意味があり、このタイプの人はガッチリ儲け、儲けたことを決してだれにも言いません。そんな「ロード」タイプの成功者としては、アンドリュー・カーネギー（アメリカの鉄鋼王）、ジョン・ロックフェラー（世界最初のビリオネア）などが挙げられます。

アメリカのお金持ちは、自分からお金持ちだと公言することはほとんどないといっていいでしょう。なぜなら、子どもが狙われてしまうからです。

自分のフェイスブックやインスタグラムでも、子どもの顔は絶対に公開しません。公開すると顔を覚えられ、登下校の途中などに誘拐され、何十億円もの身代金を要求されてしまう可能性があるからです。

お金持ち列車の乗客はどんなに自分の仕事や投資で稼いでも、「儲かっている」とは言いません。「おかげさまで何とかやっています」とか、「今のところは順調です」と謙虚な態度を崩しません。

「儲かっている」と周りに言いふらしても、よいことはひとつもありません。業界の先輩や周囲の人にひがまれますし、何もやましいことはないのに税務署に目をつけられ、税務調査で余計な時間を取られます。

お金持ち列車の乗客は、自慢するよりも社会をよくすることに情熱を燃やしています。彼らは共通して「利益は感謝の印」だと考えています。たくさんの人に感謝され、それがお金として還ってくると感覚的に知っているのです。

自慢話は百害あって一利なし

『強盗列車』に乗っていませんか？

「ハイジャック」の語源は、アメリカの西部開拓時代に生まれたそうです。当時、道端で待ち伏せしていた強盗が通りがかりの幌馬車を「ハーイ、ジャック！」と呼び止め（「ジャック」はアメリカによくある名前で、日本の「鈴木さん・田中さん」のようなものです）、乗り込んだとたんに正体をあらわして金品を奪う事件が頻発していました。（諸説あり）

そこから、飛行機を乗っ取る犯罪を「ハイジャック」と呼ぶようになったそうです。

私の知り合いはFX詐欺に引っかかりました。「FXの自動売買プログラム」を買うと、コンピューターが自動的に売り買いしてくれて、購入者は何もしなくても儲かるという話でした。

冷静に考えてみてください。**本当にそのコンピューターのプログラムで儲かるなら、作った人は手間をかけて他人に売らなくても、自分だけ儲けるはずです。**それを見知らぬ人に売りつけようとするのは、「本当は儲からない」とわかっているからです。

儲け話は存在しない、見ない、聞かない、乗らない

私自身も、怪しい儲け話に騙されたことがあります。今から十数年前、「セカンドライフ」というインターネット上の架空の世界で遊ぶゲームが流行りました。そこにバーチャルなお店を出す権利を買ったのですが、お金を振り込んだとたん、業者と連絡が取れなくなりました。

最近の話では、北海道の富良野に有名なリゾート開発会社が進出するので、事前に周辺の土地を買い占めようと持ちかけてきた地主がいました。彼は「５０００万円貸して」と1枚の借用書を送ってきたのです。土地の話なら私の専門ですから、「抵当権をつけるなら検討してもいい」と言ったところ、ぱったりと連絡が途切れました。

ひと昔前、中国の列車強盗団は、ガスマスクを被って列車に乗り込み、農薬の噴霧器で睡眠薬を散布して乗客全員を眠らせ、金品をごっそり奪っていったそうです。

『お金持ち列車』だと思って乗ったら『強盗列車』で、身ぐるみ剥がされた……。

そんなことにならないよう、くれぐれも注意してください。

「お金のガードマン」を雇おう

２０１５年、ある貸金庫からイギリス史上最高額に当たる３６０億円の宝石が盗まれました。なぜ盗まれたのかといえば、「ガードマンの時給をケチったから」です。

事件があった夜、ガードマンは警報装置が鳴ったものの、ドアの外観だけを見て「異常なし」と判断しました。室内を確認しなかったことを責められた彼は、「くわしく調べるほど給料をもらってない」と答えました。

ガードマンは安すぎる給料でモチベーションが上がらず、貴重品を守ろうという使命感もありませんでした。貸金庫経営者は、わずかなお金を惜しんだために莫大な損害を受けてしまったのです。

同じようなことは、お金の世界でも起きます。

空き巣に自宅を狙われないようセキュリティにお金を払うのが当然なら、自分のお金を守るために専門家にお金を払うべきです。お金持ちは税務署から必要以上に課税されないように税理士を雇い、詐欺師にお金を奪われないように弁護士と契約します。

このように『お金持ち列車』に乗っている人は、「お金のガードマン」を雇い、がっちり財産を守ってもらっています。しかし、『小銭持ち列車』の乗客たちは、わずかなお金をケチり、その結果、大金を失っているのです。

財産のセキュリティにお金を惜しまないでください。これを疎かにすることは、泥棒がウヨウヨいる街でガードマンを雇わず、裸でうろつくようなものです。

ところで、「アメリカ生まれの日本の味」ヨシダソースの生みの親をご存知ですか?

それは、オレゴン州に住んでいるヨシダソースの創業者、吉《よし》田《だ》潤《じゅん》喜《き》氏です。彼はアメリカでも有数の大富豪なのですが、実はお金の計算がとても苦手だそうです。

そのため、かつては蛇口を閉め忘れた水道のようにお金をなくしていました。

しかし、あるときから周りを優秀な公認会計士などで固め、お金を失うことはなくなったそうです。**あなたもぜひ、水道の蛇口をしっかり閉めてくれるプロを雇いましょう。**

お金のセキュリティにお金を惜しまない

金は5000年間一度も値下がりしたことがない

インドや中国の人は金（ゴールド）が大好きです。結婚式などでも金の指輪やネックレスを贈り合うなど、金のアクセサリーには目がありません。

この背景には、数えきれないほど他民族の侵略を受けてきた大陸の歴史があります。家具や美術品と違って、金の装飾品は逃げるときにも邪魔になりません。

いつ国外に追い出されるかわからない生活を長年続けてきたユダヤ商人も、常に再起できるだけの金貨を服の裏地に縫い付けていたそうです。

金を一定量持つことはお金持ちの間では常識となっています。それは、金がどんな不測の事態でも財産を確保する「保険」としての役割をはたしてくれるからです。

実は、私たちが使っている紙幣や硬貨の価値はとても不確かなもので、過去に何度も紙クズ同然になってきました。たとえば、日本では1946年に行われた「新円切り替え」という政策により、それまでのお金は、ほぼ無価値になりました。

また、２０１８年に南米ベネズエラで起きた「ハイパーインフレ」は、一説にはインフレ率が２５０万％に達したと言われています。これは、今まで１００円だったパンが２５０万円になったということです。長年、コツコツと貯金していたような人にとっては悪夢のような出来事が現実に起きたのです。

このような事態に備えて、お金持ちは財産の一部を金に換えています。金は人類の歴史が始まってから５０００年間、一度も価値が下がったことがないからです。

有史以来、人類が採掘した世界中の金をすべて集めても、50mプール3杯ぶんにしかならないそうです。まさに、金は「輝き」ではなく、「稀少性」に価値があるのです。

ただ、金にも弱点があります。まず、普段の買いものには使えませんから、必要な場合は現金と両替する必要があります。また、金を買っても不動産のように売買で利益を上げるのは難しく、家賃のような定期収入もありませんから、資産が増えることもありません。つまり、資産を増やしたい人にとっては、手を出しづらいのです。

保険代わりにゴールドを持つ

なぜ、人工衛星は落ちてこないのか？

人工衛星をロケットで打ち上げるとき、いちばん大切なのは「速度」です。これは「第1宇宙速度」と呼ばれ、秒速7・9㎞にもなります。

この数値に1％でも足りないと人工衛星は地球の重力に引き寄せられて落下しますが、この速度に達した人工衛星は地球の重力とちょうど釣り合い、落ちてきません。

そして、宇宙空間には空気抵抗がありませんから、追加のエネルギー0で地球の周りを飛び続けることができます。人工衛星は地表面に沿って常に落下し続けているものの、その落下速度と地球の重力が釣り合っているから飛び続けられるのです。

これと同じように資産が1億円を超えると、稼ぐ力（＝速度）と使う力（＝重力）のスピードが釣り合います。つまり、何もしなくても人工衛星が時速2万8000㎞で飛べるように、どんどん資産が増えていくのです。

なぜ、資産が1億円を超えると加速的にお金が増えるのでしょうか？

簡単に言えば、利子がどんどん増えていくからです。

たとえば、投資信託でも年利５％の商品があります。1億円で買えば、何もしなくても毎年５００万円が入ってきます。つまり、毎月40万円を自由に使うことができます。

これは大卒会社員の初任給が20・７万円（平成30年・厚生労働省調べ）ということを考えれば、十分に暮らしていける金額です。

今、経済発展している東南アジアの国々に海外投資をした場合、年利20％を稼ぐこともできます。その場合は、毎年２０００万円が入ってくることになります。

いずれも、生きていくのに十分な金額ではないでしょうか？

しかも、元本の1億円はそのままです。

このように、「お金がお金を生み出す」金額の最低単位、それが「1億円」です。

まさに、1億円はお金持ちの証明書であり、地球の重力を振り切るのに十分な初速を与えてくれる金額だといえるでしょう。

「資産1億円計画」を練って実行する

7両目

100億円あっても「健康」は買えない

～健康、家族、友だち～

健康を失うとすべてを失う

アップルの創業者スティーブ・ジョブズが残したことばで、私が印象に残っているのは、「健康を失うとすべてを失う」です。

「どんなにお金があっても、自分の代わりに死んでくれる人は見つけられない」

世界で初めて時価総額1兆ドル（日本円にして110兆円以上）を記録した、世界で最も価値のある会社を作り上げた人物でも、健康を損ねて若くして亡くなってしまいました。

たとえ、お金持ち列車に乗ることができても、病気になってしまえば「途中下車」しなくてはならないのです。

これを知っているため、お金持ちは「健康」に強い関心を持っています。

たとえば、世界のヘルスケア関連のスタートアップ企業は、2018年の1年間だけで2・6兆円を調達しました。これは2017年より60％も増加しており、毎月3000億円以上のお金が流れ込んでいることになります。

世界的に医療やヘルスケアへの投資が伸びているのは、まさにお金持ちが健康を何よりも大切なものだと考えている証拠でしょう。

一方、資産がない人は、自分の健康を後回しにしてでも働き、お金を稼がなければならない時期があります。私にもガムシャラに働いた時代がありましたが、その考え方ではお金持ち列車に乗る前に、身体を壊してしまうかもしれません。

２０１１年に亡くなったスティーブ・ジョブズの遺産は、およそ68億ドル（日本円で約７５００億円）だったと言われています。ですから、もしあなたが健康ならば、ジョブズが残した７５００億円以上の遺産より価値のあるものを、すでに手に入れているのです。

人生には３つの坂があります。上り坂、下り坂、そして「まさか」。**健康の価値を忘れず、自分の身体はかけがいのない〝資産〟であることを自覚してください**。とくに、経営者は、社員のため、家族のため、お客さんのため、定期的な健康診断は必須です。

1年に一度は人間ドッグに行く

なぜ、日本の総理大臣は長生きなのか？

お金持ち列車に乗っている人は、常に自分にとってベストな環境を自ら作り出し、そこに身を置くことによって最高のパフォーマンスを発揮してきた人たちです。

私は、健康に必要なのは、次の4つのバランスだと思っています。

1．食事……私は平日の夜に会食や飲み会が多く、肉類をたくさん食べています。そのため、朝や昼はなるべく、野菜や果物をたくさん食べるようにしています。

2．休養……私はどんなに忙しくても、1日8時間は眠ります。ホテル代も惜しみません。よい睡眠をとることは、よい仕事をするために必要な「投資」です。

3．運動……私はいつも車で移動していますが、週末にゴルフをすることで身体を定期的に動かしています。ジョギングは活性酸素が発生するので避けています。

4．コミュニケーション……私はいろいろな人と会話し、食べたり飲んだりすることが大好きです。会話は、健康にとてもいい影響を与えると思います。

とてつもなく激務であるはずの「総理大臣」は皆、長生きしています。新聞の政治欄に「首相の動静」が載っていますが、毎日分刻みのスケジュールに追われているにも関わらず、首相在任中に病気などで引退した政治家は小渕恵三のほか、数えるほどしかいません。思いつくだけでも吉田茂89歳、岸信介90歳、宮澤喜一87歳と、その当時の平均寿命をはるかに超えています。

中曽根康弘元首相は2019年5月現在、100歳を超えて今でも大変元気です。やはり、首相ともなると自分の健康が日本の一大事になりますから、細心の注意を払ってきたのでしょう。その努力が長寿に繋がっていると思います。

常にベストな環境を作り出す

「人生は健康という基本ソフトの上で動くアプリケーションである」

これはコンピューター業界の社長に聞いたことばです。どんなに高性能なパソコンでも、「ウィンドウズ」などの基本ソフトなしには動きません。**同じように、どんなに優秀な人でも「健康」という基本ソフトが無ければ、才能は発揮されないのです。**

100歳まで長生きする

縄文時代の日本人の平均寿命が何歳か、知っていますか?

京都大学の小林和正教授の研究によれば、縄文人の平均寿命は30歳前後でした。また、織田信長が好んだ「敦盛」という舞いでは、「人間50年」と唄われています。実際、明治時代から大正時代まで日本人の平均寿命は50歳くらいでした。

ところが、1945年に第2次世界大戦が終わってから、平均寿命は驚異的に伸びはじめました。1950年代に60歳、1970年代には70歳を突破し、2010年代には男女ともに平均寿命は80歳を超えています。そして、2045年には、日本人の平均寿命は、ついに100歳を突破すると予測されているのです。

平均寿命の延びを考えたとき、人生の終着駅に着くまでお金持ち列車に乗っているためには、「健康リスク」を排除することが欠かせません。

とくに避けたいのが、「喫煙」「肥満」「ストレス」の「3大健康リスク」です。

タバコは、日本人の死因の1位～4位、「ガン」「心臓病」「肺炎」「脳卒中」すべての発生率を高めることが医学的に証明されています。

肥満は、「糖尿病」の原因になります。痛風、すい炎、各種のガンも引き起こしますから、私も自戒しなければなりませんが、太り過ぎは百害あって一利なしといえます。

ストレスは、頭痛やめまい、喘息や心臓病、胃痛や下痢など肉体系の病気だけでなく、うつ病など精神系の病気も引き起こします。

実業家として有名な堀江貴文氏は、人生100年時代を生きるために健康リスクを排除しようと、次のことを提案しています。

1．ピロリ菌を退治する……胃がん患者の99％がピロリ菌に感染しています。
2．子宮頸がんワクチンを接種する……女性のためのがん対策です。
3．歯周病の予防をする……糖尿病や心筋梗塞のリスクも上がるそうです。

リスクを1％ずつ減らすという合理的な考え方には共感できます。

死亡リスクを1％ずつ排除していく

時間銀行を襲う「病気・ケガ・事故」

あなたは預金通帳を持っています。その通帳には毎朝、銀行から8万6400ドル（約1000万円）が振り込まれます。しかし、使わなかった場合、夜には口座の残高は空っぽになってしまいます……。この不思議な通帳とは、「時間」のことです。

1日の始まりにあなたには24時間（＝8万6400秒）が与えられ、1日の終わりにその時間は消えてしまいます。時間は貯められない財産です。

このあなたの貴重な時間を奪っていくのが「病気・ケガ・事故」です。

「病気・ケガ・事故」は人生で避けられないリスクです。しかし、自分自身の不注意から、そのような事態を招いているケースも多いのではないでしょうか?

病気になって当然のような生活を続けて具合が悪くなったとしたら、それは不運ではなく、自分の責任です。

「病気・ケガ・事故」で失われるのは、お金や信用だけではありません。

さまざまな活動ができたであろう、大切な時間も失われているのです。

それはどんなに悔やんでも、お金を積んでも、取り返せない資源です。

お金持ち列車に乗るためには、お金を貯めるべき時期・増やすべき時期があります。

そこで「病気・ケガ・事故」によって時間を失ってしまうと、列車に乗り込むチャンスを失ってしまうのです。

時間を失うことはお金を失うこと

私は「経営者は1回カゼをひくたびに、１００万円損をしている」と思っています。

たとえば、年商1億の会社の社長が1週間寝込むとします。この会社の売り上げは、だいたい1日30万円になりますから、7日で２１０万円が失われるという計算になります。

年商10億の会社の社長だと、２１００万円が失われます。

もちろん、社長が会社の売り上げを全部作っているわけではありませんが、それでも影響力は社員のだれよりも大きいのです。**どんな人も、自分という会社の経営者です。「時間を失うことはお金を失う」という緊張感を持って体調管理をしてください。**

安い布団を捨てる

ＮＨＫ放送文化研究所によると日本人の睡眠時間は、１９６０年は8時間13分だったのに、２０１０年には7時間14分に短縮しています。50年間で1時間も睡眠時間が短くなっているのです。

私たちは人生の3分の1を布団の中で過ごしています。

それなのに、多くの人は睡眠環境をないがしろにしています。

あなたは５０００円の布団と5万円の布団なら、どちらを買いますか？

「5万円」と答えた方、正解です。では、５万円のベッドと50万円のベッドなら、どちらを買いますか？　値段が高いと、ちょっと躊躇しますよね。

私は間違いなく、高いほうを選びます。お金持ち列車に乗る人は効率よく仕事をするために、睡眠にとても気を配っています。他にも睡眠について気を遣うべきポイントは、枕・シーツ・パジャマ・音楽・アロマ・温度・湿度など色々あります。

一度、デパートの寝具売り場に行ってください。低反発や高反発の敷布団や腰痛が治るマットレスなどを売っています。また、ネットで「安眠グッズ」を検索すると、首と肩のコリを防止する整体枕、いびき防止器具、無呼吸症候群対策グッズ、眼精疲労用のアイマスク、防音の耳栓など、ありとあらゆるものが売られています。

睡眠の質を高める

お金持ち列車に乗る人が睡眠を大切にする理由は、もうひとつあります。

それは、「寝ているときに脳をどう活用するかで人生が左右される」からです。

私はサラリーマン時代、潜在意識を徹底的に活用しました。

目標達成は、目覚めているときの顕在意識が1割、普段は眠っている潜在意識が9割影響すると言われています。寝る前に「トップセールスマンになる」「毎月、海外旅行する」「ロバート・キヨサキと一緒にビジネスをする」と自分の夢を書いたメモを見ながら、眠りにつきました。**実現したい夢を脳に刷り込めば、あとは潜在意識が勝手に達成してくれます。**

私の夢はどんどん叶っていったのです。

嫁は台所からもらえ

私の友人、株式会社アースホールディングス取締役の山下誠司さんの書いた本、『年収1億円になる人の習慣』(ダイヤモンド社)に「お金持ちになる配偶者選びの3つのポイント」という項目があります。私は、その内容に全面的に同意します。

1．夫に依存しない女性。
2．ムダづかいをしない女性。
3．夫の成功を家庭の成功と思ってくれる女性。

私自身を振り返って見ても、ビジネスの成功は妻の存在を抜きには考えられません。

彼女は平日、上は中学生から下は2歳まで、6人もの子どもの世話を一手に引き受け、私を仕事に全力投球させてくれます。実際、平日は家で夕飯を食べることはほぼないと言っていいくらい、仕事に集中させてもらっています（そのぶん、土日と祝日は家族と過ごす時間を第一優先にしています）。

また、彼女は共働き時代からコツコツと貯金をし、そのお金で私の最初の不動産投資を応援してくれました。さらに、私が投資用不動産の世界に転職したときも、北海道から静岡県へ引っ越すことになったのに、文句ひとつ言わずに付いてきてくれました。家族6人で家賃7万円の借家に暮らす生活も受け入れてくれたのです。

ある高級旅館の女将は、「嫁は台所からもらえ」と言っていました。

これは昔のことわざですが、台所でよく働く妻をもらうと家が栄えるという意味です。

つまり、気立てがよく、細かい気配りできる女性は家の宝なのです。

その女将は、こんなことも言っていました。

「旦那さんは機械と同じで、よく錆びたり、壊れたりします。だから、奥さんの役目は油をさしたり、サビをとったり、ベストコンディションにしてあげることです。そうすると、ちゃんと稼いでくる。なのに、今の若い奥さんたちは油もささないで働かせるから、そりゃあ旦那もやる気がなくなるに決まっているでしょう」

成功したければ「結婚相手」選びは慎重に

アメリカの子どもたちはレモネードで儲ける

アメリカでは、子どもたちが売り出す「レモネードスタンド」が夏の風物詩になっています。これは、子どもたちが自作の屋台で手作りの「レモネード」を売り、お金を稼ぐことを学ぶ活動です。レモネードはレモンと水、砂糖だけで簡単に作れるため、初めてお金を稼ぐにはぴったりです。**このように、アメリカでは「人の役に立つとお金が手に入る」という「お金の大原則」を、小さいうちから学ばせています。**

一方、日本では子どもに「お金を稼ぐ方法」をきちんと教えません。それどころか、遠ざけてしまっています。もし日本で、子どもたちが道ばたで「おにぎり」を作って売ったら、家庭や学校を巻き込んだ大問題になってしまうでしょう。

子どもの幸せを考えるなら、遺産として「お金」を残すより、「お金の教育」をしてください。子どもは、いずれ自分自身の手によって人生を切り開くことになります。

「お金の教育」で大切なポイントは、次のふたつだと私は考えています。

ですから、私は会社で社員を怒ることはしません。どんなにひどい失敗や最悪の報告も、表面上はニコニコして聞いています。すると、社員たちも悪い情報を迅速に伝えてくれて、萎縮せずに失敗を埋め合わせる活躍をしてくれます。

これは私の実感ですが、「嬉しいから笑顔になる」のではなく、「笑顔になるから嬉しいことが起きる」のです。お金持ち列車の乗客は、全員、笑顔が素敵です。

逆に、「不機嫌な顔」で人生が180度変わった例は、女優の沢尻エリカさんでしょう。彼女は2007年、自分の主演映画の舞台挨拶で取材陣の質問に対して、「別に……」を連発し、その高慢な態度で一時は完全に芸能界から干されていました。

しかし、それから10年経ち、「あのときの自分はどうかしていた」と語る彼女の顔は、輝くほどの笑顔でした。「不機嫌な顔」で表舞台から消えた彼女は、「ご機嫌な顔」によって、また芸能界に復帰することができたのです。

「笑顔」はお金持ち列車のフリーパス

8両目

「時間管理」は「命の管理」と同じ

～時間の大切さ～

お金持ちは「行列」に並ばない

行列に並ぶ人は、お金持ち列車には乗れません。

たとえば、ラーメン店に行列ができるのは、「安くて美味しい店」だからであり、「高くて美味しい店」には行列ができません。それなら最初から、「高くて美味しい店」に行ったほうが時間的には、はるかにお得になります。

お金持ちは時間の価値を知っているので、行列には並ばないのです。

『小銭持ち列車』や『小金持ち列車』の乗客は、「この映画は面白いよ」「この小説は泣けるよ」「この店は美味しいよ」という情報に踊らされて行動しますが、『お金持ち列車』の乗客は、その映画がヒットする前に、その小説がベストセラーになる前に、そのお店に行列ができる前に、すでに知っています。

情報感度が高く、独自の情報網を持っているからです。

「情報」は、ビジネスの成否をわけるとても重要なポイントです。

「みんなが行列している投資」を後からやっても、損をするだけです。だれもやっていない新しいことに、最大のチャンスがあります。

ですから、行列に並ぶ人は自分の情報感度が鈍く、独自の情報網も持っておらず、ビジネスや投資のセンスも無いということを周囲に宣言しているようなものです。

行列はいちばん前に並ぼう

ここ最近、私が、いちばんコスパが悪いと思ったのは、『目黒さんま祭り』です。

このお祭りでは「目黒のさんま」という落語にちなんで、無料でさんまが振る舞われるのですが、それをもらうために毎年、大勢の人が5時間も6時間も並びます。

さんまはスーパーで買えば100円、居酒屋で食べても500円くらいでしょう。並んでいる人の時給が1000円だったとしたら、わずか100円か500円のさんまをタダで食べるために、5000円～6000円を失っているのです。

なかには遠方から、高い交通費をかけてくる人もいます。

つくづく、日本人には「お金の教育」が必要だと思います。

テレビは「愚か者の箱」と呼ばれている

2015年に行われたNHKの調査によると、日本の20代がテレビを観ている時間は1日平均2・5時間です。また、インターネットを使っている時間は1日平均3・5時間とされています。合計すると、1日6時間もテレビやネットを観ているのです。

この時間は完全に受け身で、ただ情報を受け取っている時間です。なにも価値を生み出していない「空白の時間」といってもいいでしょう。

ジャーナリストの大宅壮一氏は、かつて「テレビは1億総白痴化の元凶だ」と言いました。英語でも、テレビには「Idiot box(愚か者の箱)」というあだ名がついているほどです。また最近は、高齢者が毎日テレビばかり観て、頭や体を動かさないことによる認知症の進行が社会問題になっています。

テレビにも、ニュースや対談番組など有益なものがあります。しかし、映像と音声が一方的に配信されるテレビは、視聴者が自分で情報を選択することができません。

寝る前にテレビやメールを見るのは、メンタルにも悪影響を及ぼします。なぜなら、ニュースの9割は殺人・交通事故・窃盗・詐欺・倒産・内部告発・セクハラ・戦争・汚職など、ネガティブなものだからです。

また、メールの内容は「仕事の悩み」や「人間関係の悩み」がほとんどだからです。

このような情報に寝る前に触れると、夢を実現する潜在意識にブレーキがかかります。潜在意識にネガティブな感情が刷り込まれると、「嬉しい」「楽しい」といったプラスの感情よりも、「悲しい」「つらい」「怒り」といったマイナスの感情でいっぱいになってしまいます。

私は、テレビを見る代わりに本を読みます。本は自分が読みたいものを、好きなときに読むことができます。本を読む時間は「投資」で、テレビを見る時間は「浪費」です。結局、テレビやネットは「道具」なのです。自分が主人として道具を使いこなすか、逆に道具に使われるのかが試されているのです。

「道具」に時間を奪われない

「時は金なり」は間違いだった

あなたは、時間を売る人ですか？　それとも、時間を買う人ですか？

世の中は、99％の「時間を売る人」と、1％の「時間を買う人」で成り立っています。『お金持ち列車』に乗っている人は、間違いなく「時間を買っている人」です。

たとえば、本当のお金持ちは会社に出勤する必要がありません。通勤時間を1時間とすると、1日往復で2時間、年間250日出勤すると、1年で500時間も浮きます。30年間通勤するサラリーマンと比べると、実に、通勤時間だけで1万5000時間も自分の時間が持てるのです。

私は、お金持ちは小銭持ちの数倍の人生を生きていると思っています。

今、日本人の平均寿命は約80歳ですが、お金持ち列車に乗っている人たちは、自由時間において、その何倍も有効な時間を過ごしているのではないでしょうか？

自分の大切な「時間」を切り売りしない

アメリカ合衆国の建国の父、ベンジャミン・フランクリンの有名な言葉があります。「Time is money」です。しかし、多くの人はこの言葉を誤解しています。

「時は金なり」と解釈した人たちは、ひたすら自分の時間を売って仕事をし、時間をお金に変えれば「お金持ち」になれると信じているのです。

そして、仕事のために自分の好きなことを諦めたり、大切な家族や友人と過ごす時間を無駄なものだと切り捨てて働き続けています。そんな発想では決してお金持ちにはなれませんし、「孤独で不幸せな人生行き」という終着駅にまっしぐらです。

お金持ち列車に乗っている人たちは、時間を忘れて趣味にのめり込んだり、家族や仲間や夢を追いかける友人と楽しく過ごすために時間をたっぷり使います。

実は、ベンジャミン・フランクリンの言った「Time is money」とは、本来は「時間を有益なことに使いなさい」という意味だったそうです。

決して、「あくせく働け」という意味ではないのです。

1日は24時間、でもお金持ちは48時間

「世界を旅する1億円ブロガー」のキャッチコピーを持つ川島和正さんのお金持ちセミナーに参加した人は、最初にこう言われるそうです。（ちなみに、セミナーの受講料は「ひとり100万円」とお聞きしています）

「このセミナーを受けたい人は、今やっている仕事を100％、だれかに任せてください。その覚悟ができない人は、このセミナーに参加しないでください」

一見、びっくりするような話ですが、私は川島さんの言うことは至極真っ当だと思います。**1日24時間という限られた時間の中で何か新しいことをするなら、「他人の時間を借りて、時間の自分を増やす」方法を身に付けなければならないからです。**

人間に与えられている時間は1日24時間。これはどんな人でも平等です。

しかし、お金持ちは「大勢の人の時間を借りる」という方法で、その「時間」を48時間にも、96時間にも増やすことができます。

世の中にはお金と引き換えに、「自分の時間をあなたに貸したい人」がたくさんいます。

会社員なら「給料」、専門家なら「サービス料」という名目になります。

まっとうな対価を払い、遠慮なく借りましょう。

すると、あなたはそれ以上の価値を生み出すことができます。

大勢の人の時間を借りよう

お金持ちになる人は、どんなことでも自分ひとりの力でやろうとは考えません。

そんなことをしていたら、時間がいくらあっても足りないからです。

たとえば、月に行くロケットはひとりでは1000年かかっても造れませんが、1000人いれば1年で造ることも可能なのです。

お金持ちがよく会社を作るのも、効率的に他人の時間を借りるためです。

会社を作ることで大勢の人が、毎日あなたのビジネスに時間を貸してくれます。

そこで得た時間を使って、さらにお金持ちは新しいアイデアを実現しているのです。

会社は、お金持ちが時間を融資してもらう「時間銀行」なのです。

ためらわずに「時間」を買う

時間には値段が付いているという事実を知っていますか？

たとえば、あなたがレンタカーを借りたら、1日7000円くらいかかります。1時間300円であなたはレンタカーという移動手段を購入しているのです。

お金で時間を買うことは、お金持ちになる必須条件です。

新聞を取っていると、毎日チラシが折り込まれています。あなたはスーパーマーケットの安売りチラシを、毎日1時間かけて読んではいませんか？

間違っても安いからと言って、遠くまで買い物に行ってはいけません。

1円でも安くものを買おうとする人は、お金を守ることしかできない人です。

守りに入っている人は、一生お金持ち列車には乗れません。

お金持ち列車に乗る人は、時間をお金で買えるなら惜しみなく買います。

たとえば、服はクリーニングに出します。英語を習うために専門の家庭教師を付けたり、旅行に行くときにはペットシッターに犬・猫の世話を頼んだり、部屋が汚れたら家事代行サービスを使います。簡単な掃除は「ルンバ」に任せたり、自動調理器や自動食器洗い機などの「時短家電」も使いこなします。

あなたも、収入の許す範囲で「時間をお金で買う経験」をしてみてください。きっと、お金持ち列車に乗るために役立つはずです。

「健康」についても、お金で維持することができます。

傘を持っていないときに雨が降ってきたとしましょう。すぐ近くにタクシーが停まっているのに、お金をケチって駅まで濡れて歩くのは間違った選択です。風邪を引き、その治療費でタクシー代の何倍も使うことになるかもしれません。また、風邪が治るまで寝こむかもしれません。私なら、ためらわずにタクシーに乗ります。

ケチる人は、お金持ち列車から強制退去させられます。

「時間を買う」ことを習慣化する

十馬力の仕事術

「自転車」の馬力は何馬力だか知っていますか？　0・2〜0・3馬力だそうです。5人で漕いで、ようやく馬1頭と同じくらいということになります。

50ccの「スクーター」は5馬力前後、750ccの「大型バイク」は75馬力前後です。

つまり、小さなスクーターでさえ馬5頭分、大型バイクならば馬75頭以上の力を持っていることになります。だから、あれだけのスピードが出るのです。

このように道具を使うと、人間は筋力を何十倍にもパワーアップできます。

これはお金を稼ぐときにも使える方法です。

「1日8時間働いて1万円稼ぐ人」が「1日1時間で1万円稼げるようになる」と、7時間の〝余裕〟が生まれます。**新たな時間は、さらに新しい価値を作り出すチャンスになります。お金持ち列車に乗る人は、創造的な時間に最も価値があることを知っています。**

具体的な例で説明しましょう。

たとえば、あなたが「フリーマーケット」で、不用品を売ったとしましょう。この場合、丸一日会場に座っていても売上は1万円くらいです。ところが、これをネットショップで売ります。すると、扱える商品の量も顧客も一気に広がりますから、売上は1日10万円になります。さらに、発送業務を外注すれば、ネットショップを10店舗持つことも難しくはないでしょう。売上はどんどん増えて、1日100万円を超えます。最終的に、不用品を売りたい個人向けにネットショップのような「売り買いの場」を提供したらどうなるでしょうか？ そこまで行けば、「自分の時間」をほとんど使わなくても、メルカリのような上場企業が誕生します。

日本の長者番付1位に輝いたこともある銀座まるかん社長の斎藤一人さんは、「一人の人が10倍仕事をすることはできないが、その仕事を10倍簡単にすることはできる」と言っています。**お金持ち列車に乗ることを目指すなら、ぜひ「十馬力の仕事術」を考えてみてください。**

仕事は10倍頑張るより10分の1に減らす

遅刻する人は『お金持ち列車』に乗れない

日本の会社は、世界一ムダな会議が多いと言われています。

２０１８年に行われた調査では、ムダな会議による損失は従業員１５００人以上の企業で毎年3億円近くになると試算されました。日本の生産性が先進7ヶ国の最下位であり、アメリカより35%も低いのも、私は会議に原因があると思っています。

特に、日本の会議は、開催時間は厳守するのに、終了時間をはっきり決めません。

お金持ち列車はいつでも乗ることはできますが、「時間を守らない人」や「時間にルーズな人」は列車から降ろされてしまいます。なぜなら、お金持ちにとって、「時間」は「命」そのものであり、「お金」よりも貴重なものだからです。

10人参加する会議であなたが10分遅れれば、合計１００分の時間を奪ったことになります。50人が参加する視察ツアーで、バスの出発が10分遅れれば、あなたは５００分の時間を奪ったことになります。

時間に関して言えば、「過去の時間に生きている人」を避けることも大切です。

「昔、こんな大きなお金を動かしていた」などと自慢話ばかりする人は、過去に生きている人です。そして、昔の栄光が通用すると思っています。

お金持ち列車に乗れる人は、「今」を生きている人だけです。

私の知り合いで、昔はプライベートジェットに乗っていたのに、今ではわずかなタクシー代も惜しんでいる人がいます。「昔は、お金持ち列車に乗っていた」という過去の栄光にまったく意味はありません。あなたは「10年前のことを語る人」と「10年先のことを語る人」、どちらと一緒に仕事をしたいですか?

「世界で一番時間に厳しい組織」は軍隊です。遅刻した人は厳罰に処されます。軍隊では一人が遅れれば、作戦行動に支障が出て、最悪、敵の攻撃を受けて全滅することもあるからです。

時間厳守は乗客として最低限のマナー

時間管理は「好き嫌い」で決めていい

時間管理の方法で有名なのは、スティーブン・コヴィー博士の著書『7つの習慣』（キングベアー出版）で紹介されているやり方でしょう。

「バケツの中になるべく隙間なく石を詰めるには、どうしたらよいか？」という質問です。答えは、「まず大きな石を入れ、次に小さな石を入れる」です。

こうすると、よりたくさんの石が入ります。

時間管理も同じで、大きな石は「重要で時間のかかる予定」、小さな石は「重要度が低く短時間で終わる予定」です。**つまり、スケジュールを立てるときは、重要度が高い予定を先に入れ、そのすき間に重要度が低い予定を入れなさいということです。**

私は、もっとワクワクするスケジュール管理をしています。

それは、「好き・嫌い」で時間配分を決めるという方法です。

好きなことは優先してスケジュールに入れ、長い時間を取ります。

反対に嫌いなことは、得意な人に任せるようにしています。

スケジュール帳が好きなことばかりで埋まっていると、最高にやる気が出ます。

私は人に会って話をしたり、不動産物件を見に行くのが大好きなので、そのための時間は優先的にたっぷり取ります。逆に、会議や事務作業は嫌いなので、ほとんどスケジュールに入れません。どうしても必要な場合は、ごく短時間のみにしています。

好きなことばかりスケジュール帳に入れている方がいます。『横浜ブリキのおもちゃ博物館』の館長、北原照久さんです。彼はおもちゃが大好きで、おもちゃのコレクションに膨大な時間とお金を使ってきました。その結果、集めたおもちゃには何億円もの値段が付き、大変な財産となっています。さらに、全国におもちゃ博物館を展開し、マスコミや講演会などにも引っ張りだこです。

会社員の方はスケジュール帳を自分の好きなことばかりで埋めるのは難しいかもしれませんが、工夫を重ねて、少しずつ好きなことの割合を増やしていきましょう。

「好きなこと」が最大の価値を生み出す

小銭持ちはシングルタスク、小金持ちはマルチタスク

「**あなたが得られるお金は、あなたが生み出した価値に等しい**」

これが、お金の原理原則です。シンプルな例をあげると、ある仕事が時給1000円ならば、その仕事を8時間すれば8000円もらえるわけです。『小銭持ち列車』の乗客は一生懸命、このような「シングルタスク」で仕事を頑張ります。

シングルタスクとは、与えられたひとつの仕事をやることです。昔のコンピューターは、一度にひとつの作業しかできなかったことから、このような名前が付いています。

一方、『小金持ち列車』の乗客はもう少し工夫して仕事をします。同時に複数の仕事をやるのです。そのぶん、仕事は複雑になり、頭も使いますが、収入は増えます。

たとえば、時給1000円の仕事を3つ同時にやることができれば、収益は3倍になります。8時間仕事をすれば2万4000円もらえます。進化したコンピューターは同時に複数の作業ができることから、「マルチタスク」と名付けられました。

しかし、この「小金持ち労働」にも限界があります。まず、どんなに優秀な人でも同時に10も20もの仕事をすることは難しいでしょう。さらに、24時間、休みを取らずに働くことも不可能です。働き過ぎると、いつか身体を壊してしまうからです。

価値を生み出す人になる

お金持ち列車に乗る人は、シングルタスク、マルチタスクな働き方はしません。大勢の人に協力してもらい、自分はジャッジだけを下すのです。判断にかかる時間は、ほんの1秒です。たとえば、新しいビジネスを始めるか始めないかというゴーサインを出すのが、お金持ちの仕事なのです。この意思決定によって多くの人が動き、一人で働く何十倍もの価値が生まれます。その結果、お金持ちは自分の時間や労力を使わずに、一般の人よりはるかに多くの収入を得ることができるのです。

あなたが『お金持ち列車』に乗りたいならば、シングルタスク・マルチタスクを卒業し、ジャッジのみで価値を生み出すステージに移行しなければなりません。

「決断のモノサシ」を手に入れる

国民的人気テレビゲーム『ドラゴンクエスト』をつくった株式会社スクウェア・エニックス創業者の福嶋康博氏は、次のようなことばを残しています。

「僕は一か八かの賭けはしない。何かやるときは、必ず、ここまでは負けても大丈夫というラインを見極めている」

彼はスクウェア・エニックスを創業する以前、不動産賃貸情報誌の発行で成功していましたが、中には失敗した事業もあります。「寿司ロボットを使った持ち帰り寿司店」は3000万円の損失を出し、わずか3ヶ月で撤退しています。普通の経営者であれば何とか立て直そうと撤退の判断を先送りにし、さらに傷を広げてしまうでしょう。

しかし、福嶋氏には最初から「新規事業の損失は、3000万円までなら本業に差し支えない」という判断基準(=決断のモノサシ)がありました。ですから、赤字額が基準に到達した瞬間、素早く撤退の判断を下すことができたのです。この決断のスピードこそ、後のコンピューターゲーム業界での大成功に繋がっていると私は思います。

ソフトバンクの孫正義氏は、「事業の成功は確率の問題だ」と言っています。つまり、**チャレンジした数が多ければ多いほど、成功する件数も増えるということです。そのためには時間を無駄にすることなく、どんどん決断していかなければなりません。**

しかし、多くの人は「決断すること」を非常に恐れています。その結果、お金持ち列車に乗るチャンスをつかみ損ね、『小銭持ち列車』で一生を終えてしまっています。

「あのとき決断をしていたら、どうなっていただろうか？」

と過去を悔やんでいても人生は変わりません。

行動の中にこそ、成功は隠れています。先延ばしすることなく、今すぐ決断を下せば、チャンスが増えます。それが成功確率を上げる唯一の近道なのです。

あなたも、人生で何かにチャレンジするときには、「決断のモノサシ」を手に入れてください。

それが将来、きっと役に立つことでしょう。

決断を明日に引き伸ばさない

9両目

「得意なこと」でお金を生み出す

～才能の磨き方～

1日中パチンコしている人の「置き場所」

人が持つ「才能」には、「置き場所」があります。つまり、「適材適所」です。

英語にも「Right Person, Right Place.（ふさわしい人を、ふさわしい場所に）」という表現があります。では、あなたの才能を最も活かす活躍の場はどこかというと、それはあなたが、今、熱中していることです。

たとえば、「1日じゅうパチンコをしている人」は、一般的に人生の落伍者だと思われがちですが、私は単純にそうだとは思いません。

彼らはまず、今日はどこの店で玉がよく出るか、あらゆる手段を使って情報収集します。次に、開店前の早朝から行列に並びます。パチンコ店がどんなに遠かろうが、雨の日も風の日も雪の日も、まったく苦にせず並びます。そして、朝10時から閉店する23時まで、一心不乱にパチンコ台に向き合います。その間、無駄なことは一切やりません。驚くべき集中力です。さらに、家に帰った後も、パチンコ雑誌や攻略サイトを夜中まで一生懸命読み、傾向と対策を怠らないのです。

ここで考えてみてください。このストイックさを仕事に生かしたら、どんなに成功するでしょうか？ パチンコ好きな彼らが持つ知力・体力・情報収集力・集中力・忍耐力は、いずれも普通のサラリーマンの比ではありません。

彼らが豊かになれないのは、たまたま出会ったパチンコがギャンブルだからで、これから生産性のある仕事を見つければいいだけなのです。

「才能が開花する場所」を見つけよう

国民的人気アニメとなった『クレヨンしんちゃん』は、もともと『漫画アクション』（双葉社）という漫画雑誌で連載されていました。もし『少年ジャンプ』（集英社）のような、読者アンケートで連載の継続が決まる雑誌なら、人気が出る前に打ち切りになっていたでしょう。

マイナーな雑誌だったから、じわじわと人気に火がつき、大ヒットしたのです。

このように、「才能が開花する場所」は、人それぞれなのです。

「才能の方程式」の解き方

才能には、方程式があります。

「大金を使ったこと」×**「人に褒められたこと」**＝**「あなたの才能」です。**

あなたが「大金を使ったこと」は、楽しいと思うから使ったわけです。

あなたが「人から褒められたこと」は、相手が喜んでくれたわけです。

つまり、この両方を満たす延長に、あなたの「才能の終着駅」があるのです。

「才能の生かし方」について、メットライフ生命の営業マンで13年連続全国1位の辻盛英一さんからこんな話を伺いました。昔、辻盛さんの部下にお酒が好きで、たびたび会社を遅刻したり、お客さんに迷惑をかける、成績の悪い営業マンがいました。

そんな彼に対し、辻盛さんはこんなアドバイスをしたそうです。

「君には、すばらしい才能がある。お酒が好きな人を集めてイベントをやってごらん」

その営業マンがお酒好きのお客さんを集めて日本酒パーティーを開催したところ、たくさんの人から喜ばれ、保険の契約が面白いように取れ始めました。

そして、あっというまに年収1000万円を超えてしまったのです。

このように、あなたが「欠点」と思っていることが、「最大の長所」になるのです。

漫画やアニメのキャラクターのコスプレも、昔はオタクの趣味に過ぎませんでした。しかし、今ではコスプレ大会で優勝すると、国内だけでなく世界中からイベントに招待されます。

そんなプロ・コスプレイヤーの中には「えなこ」さんのように、ゲーム会社やアニメ会社をスポンサーにして、年収3000万円稼ぐ人もいるのです

私は、「お金を使わない人」「褒められたことのない人」「稼ぐ才能がない人」だと思っています。「情熱を燃やせるものが何もない人」がお金持ち列車に乗るのは、難しいでしょう。**なぜなら、仕事にどれだけ情熱を注ぎ、人より努力できるかで、収入に大きな差が生まれるからです。**

欠点は最大の長所になる

「やりたくないこと」を書き出してみる

これは、マーケッターの神田昌典さんの名著『非常識な成功法則』(フォレスト出版)に書かれている才能発見の方法です。**「自分のやりたいこと」がわからない場合、まずは「やりたくないこと」を書き出してみます。そして、完成したリストをじっくりながめているうちに、「本当にやりたいこと」が見えてくるそうです。**

たとえば、私がサラリーマン時代に「やりたくないことリスト」を作ったときは、次のようなものになりました。

・満員の通勤電車に乗りたくない。
・狭い家に住みたくない。
・睡眠不足になりたくない。
・嫌いな人と仕事をしたくない。
・だれかの指示を受けたくない。

「やりたくないことリスト」ができたら、次はそのやりたくないことをやらずに済む方法を考えます。満員の通勤電車に乗りたくなければ、自動車通勤のできるところで働く。また、地方に引っ越せば、広い家に格安で住むことができます。さらに、自分で起業すれば、始業時間を自分で決められますから、睡眠不足にはなりません。一緒に働く人も選べますし、だれかの指示を受けることなく自分の判断で仕事ができます。

つまり、「北海道で起業しよう！」という発想が生まれるわけです。

飛行機から飛び出すとき、パラシュートを背負わない人はいません。ですから、転職や起業といった行動を取るときも、パラシュートのような「セーフティネット」を作っておかなければ、思い切った行動ができません。

この場合の「セーフティネット」とは〝蓄え〟のことです。2年間は無収入でも食べていけるお金を準備しておくとよいでしょう。また、不動産投資における家賃収入のような「定期収入」が一つでもあると、安心して身を投げ出すことができます。

「やりたくないこと」はやらなくていい

「特別な才能」は仕事の中から見つかる

ｉＰＳ細胞の発見で２０１２年にノーベル生理学・医学賞を受賞した山中伸弥教授は、研修医時代に「山中（やまなか）」ではなく、「ジャマナカ」と呼ばれていたそうです。というのも、整形外科医を目指していた山中教授は、他の人が20分で終わらせられる手術に2時間もかかっていたからでした。

ところが、医学界の「臨床」分野から「研究」分野に自分の居場所を変えるとノーベル賞がとれたのです。このエピソードからは、ノーベル賞を受賞するほどの人でも、自分の才能に気づかないということがわかります。

私も最初は自衛隊の少年工科学校に進んだものの、途中で挫折しています。人生の進路もわからず、パチンコ店に勤めるなど、試行錯誤する日々が長く続きました。

あなたも、今の時点で自分に向いた仕事や才能がわからなかったとしても、悲観する必要はありません。これから時間をかけて発見していけばよいのです。

自分に向いた仕事や才能を見つける方法ですが、まずは「目の前の仕事」に10年取り組んでみてください。必ずしも、仕事が好きである必要はありません。私も働き始めたときは、仕事はあまり好きではありませんでした。

しかし、賃貸仲介の仕事を一生懸命やった結果、現場で学んだことが私の才能となりました。それは、「部屋の目利き力」です。この選択眼は、今、不動産投資用に購入するアパートやマンションを選ぶ上で絶大な威力を発揮しています。

このように目の前の仕事を一生懸命やっているうちに、その仕事のどこかに自分の得意なところが見つかります。それが、あなたの才能です。

才能の差は小さいが努力の差は大きい

カー用品『イエローハット』の創業者・鍵山秀三郎氏は、店のトイレの便器磨きを50年間やっておられるそうです。自転車による行商からスタートした会社は東証一部に上場し、鍵山氏は「日本を美しくする会／掃除に学ぶ会」の相談役をされています。

トイレ掃除も50年続ければ、日本中の誰もが尊敬する経営者になれるのです。

「得意」と「得意」の掛け算でナンバーワンになる

東京都初の民間人校長として、中学校の校長を務めた藤原和博氏は、『必ず食える1％の人になる方法』（東洋経済新報社）という本で、こんなアドバイスをしています。

「日本では『パチンコをしない』『ゲームをしない』『月1冊以上の本を読む』だけで1／8のレアな人材になれる。100人にひとりになら誰でも努力すればなれるし、もうひとつ100分の1になれることに取り組めば、1万人にひとりの人材になれる」

堀江貴文氏も『多動力』（幻冬舎）という著書で、「ライブドアの経営から刑務所、グルメサイトの運営からロケットの打ち上げまで、数え切れないほどの経験を積んでいるから、自分と同じ経験・思考を持っている人間は世界に誰ひとりいない。ライバルや代わりの人材がいないので、あらゆるところから声がかかる」と言っています。

これは、みなさんが収入をアップしたいときに大いに役立つ考え方です。

才能の掛け算で1万人に一人、100万人に一人という希少な人材になれます。

「お笑い芸人」×「芥川賞作家」というピースの又吉直樹氏が、そのいい例です。

私自身も「収益不動産の目利き」に加えて、「高級ワインが好き」「人と話すのが好き」という特技があります。仮に、不動産の目利きは1000人にひとり、高級ワインの目利きは100人にひとり、人の目利きは100人にひとりいるとします。

1000×100×100で「1000万人にひとり」ということになります。

ひとつずつはそれほど珍しくないものでも、掛け算すればレアな存在になれるのです。

この「才能の掛け算」は人間同士でも応用が可能です。野球でいえば、剛腕のピッチャーを冷静なキャッチャーがうまくリードすれば、甲子園にも出場できます。

ビジネスでいえば、ホンダの本田宗一郎と藤沢武夫、ソニーの井深大と盛田昭夫、ジブリの宮崎駿と鈴木敏夫など枚挙にいとまがありません。**この名バッテリーのような「人の掛け算」ができれば、あなたは信じられないほど成功するでしょう。**

「才能の掛け算」で特別な存在になろう

「ピボット理論」でステージを上げる

なぜ、私が年収400万円の普通のサラリーマンから、年商35億円の経営者になれたのか、その秘密を教えましょう。それは、「ピボット理論」を応用したからです。

「ピボット」とは、バスケットボール用語で、「軸足を中心とした回転」のことです。バスケのルールでは3歩以上歩いてはいけないので、選手は3歩目に踏み出した足を軸にし、素早く方向転換をしてパスを出します。私は、そこからネーミングを考えました。

「ピボット理論」の実践方法ですが、まず、現在やっている仕事を「ピボットの軸」とします。そして、「今の仕事の周辺」で、自分よりも収入の高い仕事をやっている人を探します。**理想的な人が見つかったら、その人と同じ経験を積み、スキルを身につけ、準備ができたところでその仕事に転職（＝方向転換）します。**

転職が成功したら、新しい仕事をピボットの軸として、より収入の高い仕事を探します。これを2～3回繰り返すと、どんどん収入が上がっていくのです。

私は最初、「個人を相手にした賃貸アパートの仲介」をする営業マンでした。

この仕事が最初のピボットの軸です。周りを見渡すと社内に、「法人を相手にした賃貸アパートの仲介」という仕事がありました。これは、個人相手よりまとまった数の契約が取れます。そこで私は、法人相手のノウハウを学び、異動しました。最初の「ピボット」成功です。

次のピボットとして、「投資用マンションの販売営業」を選びました。

そこで一気に、年収が2000万円を超えたのです。

3番目のピボットで狙いを定めたのが、「不動産投資家」でした。

独立した結果、現在は1000室以上の不動産物件を持つに至りました。

「ピボット理論」の成功ポイントは、「今やっている仕事の周辺を狙う」ことです。

分野が離れすぎていると、今まで身につけてきた自分の強みや経験を生かすことができないからです。

より収入の高い仕事に「方向転換」しよう

「メンター」は人生の水先案内人

私は、人生には「道案内人」が必要だと思っています。海外では「メンター」と言います。「メンター」とは、あなたを教え導く「人生の師匠」のことです。

年齢や性別、国籍は関係ありません。また、メンターは複数いてもかまいません。

お金持ち列車に乗る上で、このメンターという存在は非常に重要です。

しかし、日本人のほとんどは「メンターを持つ」という発想がありません。

私のメンターは、「ロバート・キヨサキ」「ジョージ・ソロス」「トニー・野中」「本田健」の4人です。

本田健さんとは2018年の5月にイスラエル旅行で、ご一緒することができました。

その旅はイエス・キリストの「生誕の地（ベツレヘム）」から、彼が十字架に架けられた「ゴルゴダの丘」、そして死から復活した「オリーブ山」などを巡るものでした。

この旅を通して、私はキリスト教のテーマのひとつである「師との出会いにより人は変わることができる」ということについて教えられました。

キリストの一番弟子として有名なペテロは、もともと荒くれ者の漁師でした。ところが、キリストと知り合ってからその生活を一変させ、ついには初代の法王になってしまいます。

このようにメンターを見つけることによって、人は大きく変わるどころか、まるで別の次元にまで上昇することができるのです。

メンターを見つけて次元上昇する

私は不動産の分野はほぼ学んだので、今は株のメンター、ジョージ・ソロスに学んでいます。彼の教えどおり、1から10まで実践しています。メンターと一緒に時を過ごし、隣にいることで自分も引き上げられ、望む存在になれることを実感しています。

あなたもぜひ、夢を叶えた人が開催しているセミナーに参加してみてください。直接会うことは、本を読むことの何十倍も学びがあります。

ただし、メンターが本当に成功しているかどうかは、十分チェックする必要があります。中にはお金持ちのような顔をして、借金まみれの人もいるからです。

銀座の寿司屋と田舎の寿司屋の違いは何か?

銀座の寿司屋と田舎の寿司屋では、値段が10倍くらい違います。これは提供している〝価値〟の違いによるものです。では、その価値とはどんなものでしょうか?

まずは、「食材の違い」「職人の技術」「銀座という立地」などがあげられます。

「寿司ネタも、握る技術も、場所も最上級だから、値段も最高級」となるわけです。

とはいえ、本当に「寿司ネタ」や「握る技術」が10倍も違うのでしょうか?

むしろ、寿司ネタは田舎のほうがよいこともありますし、銀座の寿司職人と、地方の寿司職人の技術の差がそこまであるとは思えません。

私は、「権威性」と「付加価値」と「希少性」が影響していると思っています。

まず、「権威性」ですが、たとえば「京都のお寺のお坊さんのお話」と、「田舎のお寺のお坊さんのお話」では、話の内容が同じだとしても、やはり聞く側は「重み」がまるで違います。当然、支払うお布施の額も変わってきます。

続いて「付加価値」ですが、これは提供しているサービスの見えない部分のことです。たとえば、銀座の寿司屋における「付加価値」は、「従業員の態度」「居心地のよさ」「衛生管理」など、目に見えない雰囲気がもたらしているのです。

「希少性」は、そこでしか「味わえない」「手に入らない」という制限によってもたらされます。銀座の老舗寿司店があまり支店を出さないのは、それが理由です。「どこに行っても食べられる」のなら、わざわざ銀座に行く必要はありません。

お金持ちは、「権威性」と「付加価値」と「希少性」を使いこなしています。

そこに、自分の「才能・スキル・経験」が加わっていればもっと高く売れます。

普通の人の10倍も100倍もの収入を得ることもできるでしょう。

ただ、ここで注意して欲しいのは、「一流」の価値の中にひとつでも「二流」のものが混じっていると、「すべてが二流として評価されてしまう」ことです。

私もその点に注意して、人脈紹介やパーティーを行っています。

一流の中に二流を混ぜてはいけない

歌舞伎役者の「粋」

俳優の石田純一氏が2009年、新婚旅行先のイタリアでレンタカーを運転していました。信号待ちのとき、バイクに乗った強盗に拳銃を突きつけられ、その場で300万円もするパテック・フィリップの高級時計を奪われてしまいました。

海外での事例に限らず、国内でも、高い時計・高い服を身につけていると強盗やスリに狙われる恐れがあります。ですから本当のお金持ちは、あまり「自分の外側」にお金をかけません。ものすごい大富豪がジーパン・Tシャツ姿だったりします。

お金持ちは「内側」にお金をかけます。一流の歌舞伎役者は、服の裏地に凝るそうです。チラリとしか見えないところに、こだわるのが「粋」なのです。

このように本当のお金持ちは、「外側」を飾ることに興味がありません。

なぜなら心に余裕があり、自分に自信があるので、外見を飾る必要がないのです。

住まいも外側を豪華にするより、内側を豪華にした方が空き巣に狙われず、住み心地もよくなります。人間の本質もまったく同じです。

以下は、私が普段から心がけている「内側を磨く7つの方法」です。

1．本を読んで知識を得る。

2．友人と飲んで情報収集をする。

3．尊敬する人、すごい人に会いに行く。

4．セミナーや講演会に参加する。

5．靴やベルトや財布など目立たないところにお金を使う。

6．人を喜ばせるためにお金を使う。

最後に、ちょっとしたアドバイスです。銀行で融資の相談をするとき、「ブランド鞄」を持っていかないようにしてください。銀行員に「この人は見栄を張りたがる」と思われたら、お金を貸してもらえなくなるからです。

「自分磨き」をする

タンポポは10倍深く根を張る

新卒の大学生が会社に入社した後、退職する割合は、昔から「入社1年目で1割、2年目で2割、3年目で3割」といわれています。2015年の厚生労働省の調査でも、大学卒で就職から3年以内に退職した人の割合は32%です。

さらに、年代別に転職回数のデータを見てみましょう。

2017年のリクナビNEXTの調査によると、次のようになります。

20代……転職経験なし76%、転職1回16%、転職2回以上8%
30代……転職経験なし47%、転職1回24%、転職2回以上29%

20代では4人に一人、30代では2人に一人が転職を経験していることがわかります。

最近は、少子化で売り手市場となり、転職する人が増えているのかもしれません。

私は、計画的な転職については賛成です。先にお伝えした「ピボット理論」で収入を上げるには、転職や異動が欠かせないからです。

しかし、その転職がまったくの異業種ならば反対です。たとえば、1年目は保険の営業、2年目は配送業、3年目は飲食店だと、あなたの才能が育ちません。

「桃栗3年、柿8年」というように、最低でも10年は同じ分野で働いてみなければ、しっかりとした「才能の根」が張れません。

道端に咲いているタンポポは、高さは10㎝〜15㎝くらいしかありませんが、根は1メートル以上も伸びることを知っていますか？

タンポポは背の高さの10倍も根を張っているのです。葉や花の部分を摘まれても、根の中に蓄えてある養分を使い、またどんどん成長していくことができます。

地中に深く「才能の根」を張る

こんな面白いデータもあります。日本人は5年で4割が離婚する一方、結婚して10年経った夫婦の離婚率は15％まで下がるのです。10年経てば夫婦の仲も安定するように、**まずは10年間仕事を頑張れば、やりがいや面白さがわかってきますよ。**

10両目

一緒に列車に乗りたい人はだれか？

～仲間・信頼関係～

いじわるな和菓子屋さん

京都のある和菓子屋さんで、ショーケースの中にある和菓子を8個買おうとしたら、「売り切れです」と言われました。商品はそこにあるのに、売ってくれないのです。

後で京都に住んでいる人に聞くと、「一見さん」よりも「常連さん」を大事にしているからだよ、と教えてくれました。そのお店の常連客は、親子代々60年も通い続けています。一回しか来ない観光客に和菓子を全部売ってしまったら、あとで「お得意さん」が来たときに申し訳が立たなのです。

このようにお金持ち列車に乗るためには、目先の利益ではなく、未来の利益を見て人と付き合わなくてはなりません。

お客さまと信頼関係を作るために、私は次の「顧客ファースト」を実践しています。

・お客さまの利益を最優先する。

・お客さまの期待値を超えてサービスする。

・お客さまが本当に困っているときに手を差し伸べる。

不動産投資の例で説明すると、自社の利益を優先して不動産をお客さまに売るということはしません。本当に相手が得する物件だけを紹介しています。

地元の賃貸業社に直接出向き、情報交換を密に行うことで確実に入居者が入ると判断した物件のみを取り扱っているのです。地元業者にとっても入居希望者が多い物件が建つことは大歓迎ですから、オーナーや賃貸業者にとっても両者良しなのです。

すべてに誠実に接していると、相手に感謝の気持ちが芽生えます。

小さなお手伝いを繰り返すことで、信頼関係は強固になっていきます。

信頼関係はつくるよりも、壊さないことの方が難しいかもしれません。

「信頼を得るのは10年、失うのは一瞬」なのです。長く続いてきた関係に甘え、礼儀知らずなことをすると、簡単に信頼関係は失われてしまいます。

信頼している相手であっても、常に気持ちを新たにして向き合いたいものです。

時間をかけて信頼される人になる

「秘密基地」の仲間を集めよう

昔、『週刊プレイボーイ』（集英社）という雑誌で、今東光《こんとうこう》というお坊さんが人生相談をしていました。「どうしたら友人ができますか？」という読者からの質問に対して、「まず、おまえさんがだれかの友だちになってあげなさい」と回答されていました。

私も、まず自分がだれかの友だちになろうと考え、会社の1階にラウンジを造り、「CAFE&BAR・キチ」と名付けました。一見、レストランのような外観なので、近所の人たちが「この店はいつオープンしたのですか？」と聞いてきました。

しかし、ここはレストランではありません。社員やお客さま、私の友人などが自由に集まり、いろいろな夢を語り合う場所なのです。「キチ」という名前をつけたのも、「夢を語りあう『秘密基地』のような場にしたい」という想いからです。

さて、あなたにとって「友人」とはどんな存在でしょうか？

学校の同級生？　同じ趣味を持つ人たち？　会社の同僚という人もいるかもしれませんね。いずれにせよ、比較的、年齢の近い人を友人と呼んでいるのではないでしょうか。

私の考える「友人」は、同じ志を持ち、お互いに夢を語り合える人のことです。

そんな人は、年齢も性別も超えて、すべて友人です。「キチ」に集まるメンバーは年齢も職業もそれぞれですが、私にとって、みな大切な友人なのです。

だからこそ、面白いアイデアが飛び出し、意外なコラボレーションが生まれ、さらに素晴らしい仲間が集まる場になっているのです。

夢を語りあえる人こそ、本当の友人

「臨死体験」をした人たちのアンケートによると、死ぬときに脳裏に浮かぶのは、家・車・お金・宝石などではなく、友人や家族、恋人と過ごした「思い出」だそうです。

大勢の人たちが見送ってくれるなら、死ぬのも怖くないかもしれません。

やはり、大切にすべきなのは、お金やものではなく人間関係なのです。

3人のよい友だち、3人の悪い友だち

あなたの周りにもいませんか?

ちょっと付き合い方を間違えると、とんでもないトラブルを引き起こす友だちが。

幼なじみや気があう仲間は、無自覚にいろいろと誘惑してきます。

「ビール一杯くらい大丈夫だよ」と言われて、薦められたお酒を気軽に飲み、飲酒運転し、取り返しのつかない大事故を起こしてしまった人を私は知っています。

「赤信号、みんなで渡れば怖くない」という集団意識も危険です。

「合法ドラッグだよ。みんな使っているよ」と薦められても、絶対に手を出してはいけません。

実は、「脱法ドラッグ」という可能性があります。


お金持ち列車に乗るためには、友だちを厳選することです。たとえば、私が付き合いたい人は「笑顔がいい人」「あきらめない人」「未来志向の人」「業界ナンバーワンの人」です。

また、「10年後もその人と付き合いたいか」も考慮します。

お金持ち列車に乗る人は、自分よりレベルの高い人、自分を鼓舞してくれる人だけに付き合いをフォーカスしているから、お金と幸せが加速度的に増えていくのです。

一方、『小銭持ち列車』に乗る人は、すべての人とまんべんなく付き合おうとします。その結果、人生の目的地がボヤけ、「ドリームキラー」と呼ばれる、あなたの夢や希望を壊す人たちの言葉に左右されてしまうのです。

これは私の肌感覚ですが、付き合うことが「プラスになる人・どうでもいい人・マイナスになる人」の割合は、ほぼパレートの法則と同じ「2対6対2」のようです。

人生にとって、親友はかけがえのない財産です。本音で話せる友人はそれだけで価値があり、成功した経営者の影には必ず「腹心の友」の存在があります。

中国の故事に「**益者三友**《えきしゃさんゆう》、**損者三友**《そんしゃさんゆう》」という言葉があります。益者三友とは、「正直な友・誠実な友・博識な友」のこと、損者三友とは「不正直な友・不誠実な友・口先のうまい友」のことです。このように、あなたを悪い道に誘うのも友人なのです。

悪友に「時間・健康・お金」を奪われない

「みんなの夢」がお金持ち列車のエンジンだった

人生で最もシンプルかつ、重要な質問を知っていますか？

それは、「人は何のために生まれてきたのか？」だと私は思います。

その答えも、最もシンプルかつ、重要なものです。

「私たちは幸せになるために生まれてきた」のです。


「夢」はひとりの夢より、ふたりの夢の方が早く叶います。

そして、ふたりより4人、4人より8人の夢は、さらに早く叶います。

重い荷物もひとりより、ふたりで引っ張った方が、楽です。

昔、物理の授業で習った「力の合成」の原理のように、「夢の持つ力（＝ベクトル）」を合成することで、より大きな力になるのです。

お金持ち列車を走らせているエンジンは、大勢の乗客たちの「夢」の力です。夢が原動力になっています。そこに反対方向に引っ張る力が加わってしまうと、大きなブレーキになります。ですから、列車に乗る人は厳しく資格を問われ、「自分さえよければいい」という自己中心的な人は乗車を断られたり、途中で降ろされてしまうのです。

お金持ち列車の正体とは、実は「同じ夢を持つ仲間たち」のことです。

乗客たちは「お金持ちのメンタリティー」を持ち、「お金の原則」を学び、「社会に貢献したい」と願う集合体です。そんな集団がどんどん日本中・世界中に増えていったら、どんなに素晴らしいことでしょうか。きっと世の中を、明るく、豊かに、幸せにしてくれるはずです。私がこの本を書いたのも、そんな思いからなのです。

大勢の人の夢が結集すれば、それこそ奇跡も実現します。たとえば、長年、多くの人の夢だった「空飛ぶ車」は、もうすぐ実用化されます。（トヨタ・パナソニックの出資先企業が2023年に「国内で発売予定」と表明）ぜひ、あなたも大きな夢を持ってお金持ち列車に乗り込み、夢の推進力で列車を走らせてください。

あなたの夢が『お金持ち列車』を走らせる

『お金持ち列車』は全輪駆動で走る

電車の車体を見ると、そこに「モハ」「キハ」「サハ」という謎のカタカナ表示があることを知っていますか？「モ」は「モーターを積んだ車両」。「キ」は「ディーゼルエンジンを積んだ車両」。「サ」は「モーターも運転台も積んでいない車両」を指します。また、「ハ」というのは車両の等級で、「普通車」であることを示しています。

そんな知識を持って電車を見てみると、パンタグラフがついた動力車「モハ」は、だいたい3両ごとに配置され、「キハ」は先頭車両だけということがわかります。

つまり、普通の電車は一部の車両だけが駆動し、列車全体を動かしているわけです。

一方、新幹線は、すべての車両が「モハ（＝動力車）」という「全輪駆動」です。

新幹線が時速３００キロ以上のスピードを出せるのは、すべての車両が推進力を持っているからです。普通の列車のように、動力車が一部だけではスピードは出ません。

ディーゼル機関車は、先頭車両だけが引っ張っぱるので、もっと遅いのです。

お金持ち列車は全輪駆動です。新幹線と同じようにすべての車両が「動力車」として駆動し、加速も最高速度も普通の列車とは比べものになりません。

お金持ち列車は馬力のある人（＝一部の動力車）に引っ張ってもらう乗り物ではありません。**列車に乗ったすべての人が、各自の夢をエネルギーにして進んでいくものだからです。**ひとりの力に頼って進む方法は合理的に見えますが、これではスピードが出ません。はるか彼方の目的地（＝夢の終着駅）にはたどりつけないのです。

藤子・Ｆ・不二雄の漫画に『パーマン』（小学館）があります。不思議な「マント」を身につけると「時速91キロ」で空を飛ぶことができるのですが、マントをつけた仲間同士が相手の足を持って２人でつながると、２倍の１８２キロのスピードで、３人なら４倍、４人なら８倍の時速７２８キロで飛ぶことができるのです。

お金持ち列車のスピードも、このように仲間が増えるほど速くなるのです。

推進力を高めて夢にまっしぐら

豆腐屋の主人の教え

ソフトバンクの孫正義氏は、まだ社員が数名の時代にミカンの空き箱の上で、「うちの会社は豆腐屋になるぞ！」と2時間も演説したそうです。

それは、「利益を1兆、2兆（豆腐の数え方は一丁、二丁）と数えられるような会社になる」という意味でしたが、その演説の翌日、社員のほとんどが辞めたそうです。

しかし今、ソフトバンクグループの純利益は、1・4兆円（2016年度）に達しました。

「年収500万円の人であれば『年収5000万円を稼ぐ』。現状を超えて突き抜けるためには、こうした現状をはるかに超えたゴール設定が必要」

これは、プロコーチ久野和禎氏の著書『ゴールドビジョン』（PHP出版）に書かれている「脱フレームワーク思考」です。「フレーム」とは「ビジネスモデル」であり、年収を10倍にするためには、商売の方法や考え方を根こそぎ変える必要があるのです。

実は、「年収は2倍にするよりも10倍にするほうが簡単」なのです。

夢も同じです。小さな夢よりも大きな夢の方が叶えやすいのです。

たとえば、あなたが個人的に「豪華なクルーザーが欲しい」と言っても、だれも協力してくれません。しかし、「豪華客船を買って世界中の難病の子どもたちを乗せてあげたい」と言えば、数多くの協力者が現れるでしょう。

目的が「あなた一人の夢」ではなく「みんなの夢」になれば、多くの人たちがお金を出して支えてくれるのです。

小さい夢より大きい夢のほうが叶う

途方も無い夢といえば、「軌道エレベーター」があります。宇宙までつながるエレベーターを作ろうという計画です。昔は夢物語でしたが、金属やセラミックなどテクノロジーの進歩により、実現可能になってきました。近い将来、だれもが宇宙空間に行き、気軽に「宇宙遊泳」を体験できるようになるかもしれません。

応援の法則

人間の「祈りの力」が、現実に影響を及ぼすという研究をご存知でしょうか?

アメリカ・カリフォルニア大学で心臓病の患者を「回復を祈ったグループ」と「祈らなかったグループ」の2つにわけ、その経過を調べたところ、回復を祈ったグループでは、明らかに病状の進行が食い止められたそうです。

これと似た現象に、『応援の法則』があります。あるスポーツメディアが「応援がある場合」と「応援がない場合」の選手の動きを計測したところ、応援がある場合は選手の運動量が約20%増加し、選手の身体機能によい影響が見られたそうです。

たとえば、甲子園では応援団やチアガール、吹奏楽部に観客まで一体となった大応援団が、「勝て!」という祈りを「動作」や「音楽」で届けています。

「最終回2アウトから始まる大逆転劇」や「甲子園には魔物が住む」と言われる背景には、この『応援の法則』が働いているのではないでしょうか。

これはビジネスにも応用できます。セールスの現場で営業目標を立て、それを達成した営業マンを全社員で祝うテクニックです。**周囲から応援されたり祝福されたり、みんなの心が一つの方向に向かうとき、人は絶大なパワーを発揮します。**

投資の世界にも、みんなで力を合わせて夢を実現する手法があります。インターネットの発達によって、多くの人に少額投資してもらうことができるようになりました。「クラウドファンディング」によって、これまでは実現が難しかったユニークなビジネスアイデアが、次々と現実になっています。

「廃校となった小学校のリノベーション」「離島の救急医療のための飛行機導入」「睡眠中の子どもの安全をモニタリングする装置の開発」など、いずれも多くの人がそのアイデアの成功を祈り、応援したくなるものばかりです。

お金持ち列車に乗る上で、この「やりたいことをみんなに応援してもらう」という発想は非常に大切です。

夢はみんなで叶える

同じ羽の鳥は一緒に集まる

『引き寄せの法則』（講談社）はカナダ人コーチのマイケル・J・ロオジエが執筆し、全米で社会現象になりました。本には欲しいものを引き寄せるための仕組みが書いてあります。

この法則によく似た日本のことわざに、「類は友を呼ぶ」があります。同様の言葉は英語にもあります。「同じ羽の鳥は一緒に集まる」というものですが、『引き寄せの法則』は世界中で普遍的な現象なのかもしれません。

富も同じです。「**お金持ち**」は「**お金持ち**」**を引き寄せます**。**その逆も真なりです**。昔も今も、すべての国に共通の法則ともいえます。

人も同じです。同じ性格の人を引き寄せます。もし、あなたのまわりに「欲張りな人」がいるなら、あなた自身が「欲張り」の可能性があります。もし、あなたが「トラブル続き」だったら、あなたの言動が「トラブルの原因」かもしれません。

「そんなわけない！」と思うかもしれませんが、これは「潜在意識」の問題です。

「意識下で望んでいること」が引き寄せられるのです。

逆に、「潜在意識」を活用すれば、夢を引き寄せることもできます。

私は自宅や会社、さらにトイレなどに名言入りの「日めくりカレンダー」を置いて、意識の奥に「豊かさ」や「幸せ」を刷り込むようにしています。特に、朝のぼんやりした時間にトイレで目にすると、頭の中にスッキリと言葉が染み込みます。

それを繰り返すことで不安や不満が解消され、周囲の人を幸せにしようという心境（＝お金持ちのメンタリティー）になることができます。

これは、ネガティブな感情を浄化する「儀式」といえるかもしれません。

日めくりカレンダーから、私が大好きなことばを３つ、ご紹介しましょう。

「全力を尽くした時間だけが意味のある時間です」　マザー・テレサ

「常にいい気分でいることが、願望実現の最短距離です」　奥平亜美衣

「成功とは自分でするものではなく世の中がさせてくれるもの」　ゲッターズ飯田

「よい引き寄せ」を願うなら「よい人」になる

乗り換えるのに遅すぎることはない

「インド独立の父」と呼ばれるマハトマ・ガンジーが残したことばがあります。

「明日死ぬと思って生きなさい。永遠に生きると思って学びなさい」

この言葉は私たちに、「人はいつからでも学べるし、いつでも変わることができる」ということを教えてくれます。


私は、人間には「前向き人間」と「後ろ向き人間」の2つのパターンがあると思っています。お金持ち列車に乗れるのは、もちろん「前向き人間」だけです。

「後ろ向き人間」は、「だけど……」「でも……」という否定的な言葉を使って、自分の可能性にブレーキをかけてしまいます。「もう歳だから」「田舎に住んでいるから」「家族がいるから」「子育て中だから」「体が弱いから」と、できない言い訳ばかり並べたて、『小銭持ち列車』に乗り続けて人生の終着駅を迎えるのです。

しかし、いつでもだれでも『お金持ち列車』に乗り換えることはできるのです。**夢を持ち、行動することは若者だけの特権ではありません。60代でも70代でも、今まで積み重ねた知識や経験、人脈などの蓄積を武器に成功することは可能です。**

私が親しくしている人たちの中にも、列車を乗り換えた人が大勢います。

たとえば、全国に２００店舗以上の美容室を展開している株式会社アースホールディングス代表の國分利治さんは、高校を卒業した後、3年ほど地元の縫製工場で働いていました。そこから上京し、経営者を目指して成功したのです。

いつでも列車を乗り換えることはできる

さて、冒頭のガンジーですが、もともとは弁護士だったことを知っていますか？

彼はインドからイギリスに留学したほどのエリート弁護士でした。しかし、祖国インドの人たちがイギリスの圧政に苦しむのを見て、独立運動に身を投じたのです。

彼は地位や名誉や金銭を追い求めるかわりに、インドの歴史に名を残す『偉人列車』に乗り換えたとも言えるでしょう。お金持ち列車を超えるすごい列車もあるのです。

切符を売ってくれるのは「過去のあなた」

人生は、オールを使って進む「手漕ぎボート」に似ています。

目の前に広がるのは、これまで進んできた「過去の風景」です。ボートは後ろ向きに進むので、進行方向は見えません。ですから、勘を頼りに進むしかありませんが、それでも注意深く水面を観察していると、さまざまなことがわかります。

水の流れが急に早くなって来たら、滝が近いかも。注意が必要です！

同じように、人生も過去を振り返ることで、未来に何が起きるかわかります。

そのためには、ぜひこんなトピックで「自分史」を書いてください。

幼少期……家族、兄弟姉妹、親戚、遊び、楽しい思い出。

小学生……得意科目、学校行事、夏休み、表彰されたこと。

中学生……苦手科目、スポーツ、部活動、初恋。

高校生……コンプレックス、友人、音楽、恋愛、受験勉強。

大学生……授業、アルバイト、合コン、失恋、卒論、就職活動。

社会人……仕事、人間関係、趣味、旅行、結婚、子育て。

あなたが会社員なら、肩書きも書き出してください。「新入社員」「係長」「課長」と区切ることによって、自分の成長や社会的な役割がわかります。欠点や長所も浮かび上がりますから、自分の強みも、その活かし方も理解できるはずです。

過去に眠っている「才能の原石」を発掘する

私は中学生時代に、「風呂なしの市営住宅」から「新築一戸建て」に引っ越しました。あのときの感動は、今でも忘れません。もし、私がお金持ちの家に生まれたお坊ちゃんだったら、不動産ビジネスという天職とも巡りあわなかったでしょう。

人間は、誰もがコンプレックスを持って生きています。過去に壮絶ないじめにあった人、重い病気で寝込んでいた人、裏切られて人間不信に陥った人。しかし、つらい過去を乗り越えるために必死で努力して成功をつかんだ人もたくさんいます。

お金持ち列車の切符を売ってくれるのは、過去の自分なのです。

あとがき

終着駅……あなた自身が夢のスピーカーになる

この本も、もうすぐ〝目的地〟に到着します。
さあ、降りる準備はいいですか？

『お金持ち列車』が普通の列車と大きく違うことがあります。
それは、「優先席」です。普通の列車は、「若者」が「老人」に席を譲ります。
しかし、お金持ち列車は「老人」が「若者」に席を譲り、降りていくのです。
「席を譲る」というのは、自分のポジションを次世代に明け渡すことです。
リレーでいえば、「バトンを繋ぐ」ということです。

お金持ち列車の終着駅で、あなたは電車を降りることになります。
駅のホームでは、あなたの家族や今まで支えてくれた友人など、たくさんの人たちが拍手と感謝の声で迎えてくれることでしょう。

しかし、旅は、ここで終わりではありません。

お金持ち列車の旅は、あなたが降りた後も続きます。

次の乗客は、あなたの子どもやパートナーや友人かもしれません。

多くの人たちのために人生を捧げている人かもしれません。

そんな人に席を譲りたいのですが、あなたが今まで使ってきた列車の切符を、他の人に渡すことはできません。

なぜなら、お金持ち列車の切符は、「本人のみ有効」だからです。

ただし、あなたはお金持ち列車に乗る方法をだれかに教えることはできます。

また、お金持ち列車に乗るのにふさわしい人物に席を譲ることはできます。

このように、いつかあなたは、列車に乗る人を応援する側に回るのです。

席を譲られた人も、いずれはお金持ち列車を降りることでしょう。

そして、また人を応援する側にまわります。

こうして、お金持ち列車の旅は果てしなく続いて行きます。

『お金持ち列車』は空想上のものではなく、実在する列車です。

「同じ夢を持つ仲間たち」の集合体が列車そのものなのです。

お金持ち列車を走らせるエネルギーは、乗客たちの夢の力です。

ですから、「夢を持たない人」は乗ることができません。


今、多くの人が夢を見失っている時代です。

だからこそ、あなたに、多くの人に向けて夢を語ってもらいたいのです。

あなたが夢を語ることで、だれかが勇気づけられます。

そのだれかが、また自分の夢を語り始めるかもしれません。

そんな人が日本中・世界中にどんどん増えていったら、きっと世の中を、明るく、楽しく、豊かにしてくれるはずです。

平成最後の年、4月吉日
北海道の自宅の書斎にて　～妻と6人の子どもたちの笑い声に包まれて～
末岡よしのり

■スペシャルサンクス

この本作りに協力してくれた方に心より感謝します。

東邦出版株式会社　保川敏克様　井上格様

株式会社天才工場　吉田浩様　石野みどり様

編集協力　上村雅代様　関和幸様

【参考文献】

ロバート・キヨサキ『金持ち父さん貧乏父さん』（筑摩書房）
本田健『決めた未来しか実現しない』（サンマーク出版）
張替一真『自分を動かす習慣～80のヒント集～』（ぱる出版）
青木雄二『ナニワ金融道』（講談社）
岡本和久『親子で学ぶマネーレッスン』（創成社）
近藤昌平『人脈を作りたかったら名刺を捨てなさい』（サンマーク出版）
菅井敏之『お金が貯まるのは、どっち⁉』（アスコム）
三田紀房『インベスターZ』（講談社）
玉川一郎『マインドリッチ』（講談社）
鈴木信行『宝くじで1億円当たった人の末路』（日経ＢＰ社）
石野みどり『心は1分で軽くなる！』（自由国民社）
山下誠司『年収1億円になる人の習慣』（ダイヤモンド社）
スティーブン・コヴィー『7つの習慣』（キングベアー出版）
神田昌典『非常識な成功法則』（フォレスト出版）
藤原和博『必ず食える1％の人になる方法』（東洋経済新報社）
堀江貴文『多動力』（幻冬舎）
藤子・Ｆ・不二雄『パーマン』（小学館）
久野和禎『ゴールドビジョン』（ＰＨＰ出版）

著者プロフィール

末岡よしのり（すえおか　よしのり）

パーフェクトパートナー株式会社代表取締役。

不動産投資コンサルタント。


1976年、北海道生まれ。

母子家庭で、幼少期を風呂なしの市営住宅で過ごす。

29歳のころ、ロバート・キヨサキのベストセラー『金持ち父さん、貧乏父さん』に感銘を受ける。

女手ひとつで育ててくれた母に副収入を持たせるため不動産投資事業で成功。

現在は、個人で1000戸以上を所有する「ギガ大家」、ホテル３施設の経営者。

たくさんの人にお金や不動産投資を教える講演家として活動。

「日本のロバキヨ」と呼ばれるようになる。

不動産投資家として活躍するかたわら、
ＩＰＯを夢見て努力する人に人脈を紹介する
「エンジェル投資家」としての活動も行う。

北海道で妻と６人の子どもと暮らしている。

◎末岡よしのり　公式ホームページ／sueoka-yoshinori.com
◎パーフェクトパートナー株式会社　ホームページ／https://www.perfect88.co.jp
◎メールアドレス／info@sueoka-yoshinori.com

ロバートキヨサキから
末岡よしのりへのメッセージ動画

出版プロデュース：株式会社天才工場　吉田浩
編集協力：上村雅代　関和幸
カバーデザイン：若林繁裕
本文デザイン・DTP：小山弘子
写真：鉄道フォーラム代表　伊藤博康
制作：シーロック出版社

『お金持ち列車』の乗り方
すべての幸せを手に入れる「切符」をあなたへ

末岡よしのり 著

2019年6月15日　初　版第1刷　発行
2019年8月 5 日　第2版第6刷　発行

発　行　人　保川敏克
発　行　所　東邦出版株式会社
〒169-0051　東京都新宿区西早稲田3-30-16
http://www.toho-pub.com
印刷・製本　株式会社Sun Fuerza
（本文用紙／アルトクリームマックス 四六/Y 60kg）
